MALINTZIN

MALINTZIN

por Luis Rutiaga

Grupo Editorial Tomo, S. A. de C. V.
Nicolás San Juan 1043
03100 México, D. F.

1a. edición, abril 2004.
2a. edición, noviembre 2007.
3a. edición, noviembre 2012.

Nicolás San Juan 1043, Col. Del Valle
03100 México, D.F.
Tels. 5575-6615, 5575-8701 y 5575-0186
Fax. 5575-6695
http://www.grupotomo.com.mx
ISBN: 970-666-940-X
Miembro de la Cámara Nacional
de la Industria Editorial No 2961

Proyecto: Luis Rutiaga
Diseño de Portada: Trilce Romero
Formación Tipográfica: Luis Rutiaga
Supervisor de producción: Leonardo Figueroa

Impreso en México - *Printed in Mexico*

Contenido

Prólogo

La historia escrita por el vencedor de la guerra ocurrida en territorio mexicano, de 1519 a 1521, mal llamada de la conquista española, no permite contemplar de cuerpo entero a la mujer más importante de América, cuyos nombres sucesivos fueron Malinalli, Malinalli Tenépal, Marina la Lengua, Marina la de Cortés, Malintzin —que dijo el aborigen añadiendo al nombre de la heroína la reverencial que el nombre merecía—, doña Marina de Xaramillo, y Malinche. Se diría que a cambio de no habernos permitido la historia contemplar en toda su dimensión a la mujer excepcional, la permitió escapar hacia el mito con seis rostros y una máscara que encubre a todos los matices de su extraordinaria personalidad, con los que asoma, cambiante, lo mismo a la leyenda que a la psicología del mexicano.

Si la historia escrita por el vencedor la relegó al olvido —pues si el gran viejo Bernal, a quien copiaron todos, ideó un cuento pretendiendo explicarla— ¿qué podían dejarnos de ella los vencidos? Con todo, del exiguo caudal de testimonios aborígenes, que a la deriva de los tiempos viene siendo rescatado, emerge la figura señera de la mujer singular: el Lienzo de Tlaxcala, los códices, los relatos indígenas recogidos por Fray Bernardino Sahagún, las respuestas de los señores del imperio colua —interrogados por Cortés—, dicen más acerca de ella que las *Cartas de Relación* de don Hernando, que la ignoran. Pero ni la una historia ni los otros testimonios permiten siquiera saber con certeza cuál fue el surgidero de la mujer extraordinaria cuyo recuerdo ancló en la orografía, en la heráldica, en la numismática, en la literatura y en la raza de México. Está de pie sobre la leyenda, con la cabeza en la historia, con su sangre en la del pueblo.

Por omisión informativa de vencedores y vencidos, no es posible dibujar el árbol genealógico de Malintzin, ni establecer con exactitud la fecha de su llegada al mundo, ni contemplarla en la iluminada certidumbre del rasgo fisonómico, ni esclarecer su psicología. Como consecuencia, se diría que es imposible su biografía dentro del rigor estrictamente histórico. Sin embargo, sobrenada su presencia como tabla en un naufragio; está ella entre nosotros, invitándonos a la necesidad de reconstruirla, no de restaurarla, sino de volverla a hacer, deduciéndola de la explicación y de la filosofía de la historia. Es una invitación que está en la sangre; que nos llama desde dentro, hacia dentro de nosotros, que no puede ser rehuída, que necesita atención. Y cediendo al llamado, la buscamos al trasluz, en la transparencia de las costumbres de su pueblo y de su tiempo, con la esperanza de verla en acción al través del resquicio que ofrecen los hechos, de contemplarla a la luz del conocimiento.

Escritores valiéndose de la crónica, del poema, la novela histórica, el teatro, el ensayo, el comentario y la monografía, la llevan y traen de la leyenda al mito, alejándola cada vez más de la realidad. Todas han querido traspasar su imagen para dejarla prendida en el papel, como los entomólogos a las mariposas, y sólo han conseguido deshumanizarla, convertirla en fantasma, olvidando que fue mujer de carne y hueso, cuyo recuerdo permanece en la raíz de los hechos que nos transformaron.

No ha habido despropósito que no se diga de Malintzin: Irineo Paz la llamó "la linda yucateca". Hombres tan eminentes como el doctor Peñafiel y el doctor Marroquí la convirtieron en la Llorona, sin olvidar que esa leyenda surgió del sexto presagio funesto, para los pueblos nahuas, esto es, que corrió entre el pueblo desde la época precortesiana: era la diosa Cihuacóatl, que por las noches recorría las calles, llorando, gimiendo. Muchos otros autores, casi todos, le atribuyen idilio con el conquistador, cuando la sola lectura del testamento de Cortés dice a las claras que la libido del extremeño se derramó en cuantas direcciones pudo, lo que viene a establecer que era incapaz de sentir eso inefable que se llama amor, aunque hubiera tenido hijo con Malintzin; alguno la convirtió en cortesana, al parecer para hacerla digna de Cortés.

Pero lo cierto es que la mención de Malintzin desata pasiones todavía. Para un sector de México, su nombre es a modo de aroma en el nauseabundo ambiente de la conquista; para otro, su apodo, el alias despectivo con que el vulgo la alude, resuena en el idioma nacional a la manera de violento chasquido de látigo, tal una maldición: cuando, en alusión a ella, se dice "malinchismo", se quiere significar entrega sumisa al extranjero de las íntimas esencias de la nacionalidad; es a ella, pues, a quien se quiere poner en la picota; es a ella a quien se acusa injustamente de haber entregado a su patria.

Y ella permanece hermética y jeroglíficamente indescifrable. Todavía es como la onda que riza la bruñida superficie del mar cuando la calma chicha que lentamente cobra cuerpo con el soplo leve, se transforma en ola con penacho de espuma así que el soplo se convierte en viento, se rompe a la luz del relámpago contra el peñascal para entregarse en gotas diamantinas cuando aúlla el viento convertido en tempestad, vuelve al seno de la turbulenta mar para perderse en ella, y renovarse en curva onda, huidiza, inaprensible, así que se aquieta el viento, marido de la ola, su señor natural, y sosiega la mar. Por eso han regresado con las hábiles y trabajadoras manos vacías, los más acuciosos investigadores que pretendieron sujetarla.

Con todo, Malintzin no fue milagrosamente sobrenatural; apenas si mujer capaz de todo, producto de su época, de sus circunstancias, que de su realidad tomó la harina para amasar no sólo el pan de su vida, sino también el de la nuestra, ya que a fin de camino pudo heredar a México el símbolo de una raza que trasuda su angustia propia: superarse, superarse, apoyándose en su propio dolor, para intentar ser libre.

Nada de ella se sabe con certeza, en lo precortesiano. Sólo puede afirmarse que nació esclava en el seno de un conjunto de esclavas, frente a Cortés, en márgenes del Grijalva, año de 1519. De esta verdad de a puño, que nadie discute, partiremos, no sin tratar de situarla justamente en las costumbres de su tiempo. Ella estaba ahí cuando llegó el extremeño. Ahí fue dada en obsequio, tras la batalla de Centra, en unión de otras diecinueve esclavas. Ni siquiera se conoce su epitafio, ni dónde fue sepultada. Por deducciones, se dice que murió en 1531.

Por todo eso, Malintzin es la heroína olvidada de la historia, presente siempre en la tradición, en la leyenda y en la sangre de México.

Luis Rutiaga

Malin, Malina o Malinalli

Malin es nombre mexicano; así se llamó una de las mujeres de Maxtla, rey tepaneca, según hizo notar don Alfredo Chavero. El nombre está mencionado en *Monarquía Indiana*, de Fray Juan de Torquemada.

Malina significa "torcer algodón encima del muslo" o "torcer" simplemente, según el *Compendio del Arte de la Lengua Mexicana*, del padre Horacio Carochi.

Malinalli es el nombre de uno de los veinte días del mes mexicatl, que en ocasiones, por voluntad de los progenitores, era impuesto a quienes nacían en él.

De estos tres nombres, debía ser preferido el primero, Malin, por las razones que da el historiador Chavero, a saber: que es nombre mexicano con tradición y luego y más importante, que uniéndose al tratamiento reverencial, tzin, hace Malintzin, a diferencia de los otros. Pero dejemos atrás la preferencia que la lógica del idioma mexicano dictaría, para ceñirnos al radical aceptado por todos quienes han escrito acerca de este personaje con el solo fin de ir directamente al fondo de la cuestión, visto que la opción del nombre no afecta de ninguna manera al concepto histórico que Malintzin merece. Aceptemos, pues, que por sus padres fue llamada Malinalli.

¿Por qué esclava?

La explicación de la presencia de una mujer *mexicatl* como esclava entre mayas de Tabasco, tiene que ser propia de su tiempo y sus costumbres. Por necesidad ha de ceñirse esa explicación a la realidad. Para encontrarla, no pueden ser olvidadas las fricciones constantes de mayas y mexicatl, en sus fronteras territoriales, ahí donde chocaban constantemente las dos culturas.

La expansión mexicana hacia el sureste, al igual que la de sus antecesores los olmecas, se detuvo a orillas del golfo, en los confines tuztlecas y coatzacoalcas. En esta zona estaba Xicalango —el Xicalango Anáhuac—, que partía términos con la confederación mayense, cuyo extremo occidental era Tabasco. "Era Xicalango una preciosa y riquísima región que se extendía desde Tabasco hasta Xaltipan", dice don Alfredo Chavero. Parece que a más de la región, existió una colonia mexicatl llamada Xicalango, establecida en el seno del territorio maya. Hoy, Xicalango es villorrio de Tabasco, muy cercano a la Isla del Carmen, Campeche.

Malinalli nació de señores, tal vez de Painala, como informa Bernal, quizá de Oluta, como sostiene uno de los descendientes de Malinalli, don Fernando Gómez de Orozco y Figueroa, que levantó el árbol genealógico de la progenie de Cortés y doña Marina, asegurando poseer "todos los documentos que garantizan la autenticidad de los datos consignados", aunque sin darlos a la estampa en ese propio libro, para difundir al mismo tiempo que la afirmación, es su fundamento.

Que fue hija de señores, parece limpio de sospecha, inclusive desechando la versión del cronista Bernal y de los historiadores que le siguieron, por cuanto es claro que tenía una indudable preparación, una cultura propia de su tiempo, sin la cual no sería comprensible su aptitud en el manejo de idiomas, en la resolución de pluralidad de asuntos arduos que las actividades de Cortés planteaban a cada momento, con velocidad desconcertante, y de situaciones difíciles, nuevas del todo, insospechables para ella, asuntos y situaciones entre los cuales hubiera quedado entrampada y vencida cualquier mujer sin adecuada preparación física y cultural.

El presbítero y licenciado Manuel Gil y Sáenz dio a la estampa la versión verosímil, útil para explicar la presencia de Malinalli en Tabasco, sin expresar las fuentes en que nutrió su información, y que a continuación ofrecemos íntegra, aunque poco después retrocede muy canónicamente a refugiarse en la versión propalada por Bernal.

El dominio azteca

"Entre la Isla Txis (hoy Laguna del Carmen) y la provincia de Tabasco, existía una población de aztecas que se denominaba Xicalango; viviendo en medio de indios mayas, naturalmente por antagonismo de razas eran enemigos. Allá en la oscuridad de los tiempos, se extendió el poderío del imperio de Tenochtitlan, quiso esta potencia indígena traer sus dominios hasta la isla de Txis, y en efecto la arrebató al imperio de los Mayapán, destinándola más tarde para presidio. Como era consiguiente, tenía para resguardarla que mantener fuerzas aztecas, las que, con sus familias, en el transcurso del tiempo fueron formando una población desde la punta de Xicalango hacia la Isla Txis.

"A consecuencia de las atenciones que el Emperador Ahuizotl, antecesor de Moctezuma II, tenía con motivo de sus continuas guerras, fue abandonada insensiblemente la mencionada isla y población de aztecas en Xicalango.

"Coatzacoalcos, auhalulcos y xicalangos, eran de la misma raza y familia azteca, extendidas sobre estas costas, mas los de Xicalango, por las relaciones que tenían con los de Coatzacoalco, hacían su tránsito para comunicarse con ellos por terrenos de Tabasco. Andando el tiempo el cacique tabasqueño, de acuerdo con los nobles, no se creyó en la obligación de permitir más esta clase de servidumbre, quizás estipulada durante la dominación de Mayapán, con los aztecas; y se propusieron poner coto a este constante tránsito, ora porque independientes, querían hacer respetar sus fueros y derechos, ora por los perjuicios que esto ocasionaba a las labranzas; notándose cada día más los avances que los xicalangos hacían sobre los límites de Tabasco.

"Los tabasqueños reclamaron e impidieron el paso a los xicalangos y éstos no entraron en razón, de lo que se originó una sangrienta guerra en que los tabasqueños en número de veinte mil hombres, triunfaron sobre aquellos, allá por los años de 70 a 71 de su independencia. (1511 o 1512 de nuestra Era).

"Era costumbre entre estas gentes que el vencido, en el ajuste de paces obsequiara al vencedor con lo más rico y hermoso que tuviese; y además, le daba como en rehenes unas niñas esclavas. Así fue que el cacique de Tabasco como vencedor, entre las esclavas regaladas por los xicalangos, obtuvo la Malitzin o Malinche, y a su turno, vencido por los españoles, la donó a Hernán Cortés".

Tributo para hacer las paces

Pues bien; Malinalli figura entre las niñas que forman parte del tributo pagado por la colonia mexicatl para ajustar las paces con el *Halach Uinic* Tabzcoob. Todo y todos los que integran el tributo marchan hacia su destino; ahí van, miradlos pasar entre las altas hierbas, por el recodo que hace la vereda en el rincón de la sabana, cerca del cedral y de los entornados ojos del puma, agazapado en la maleza; vedlos ir sin prisa por el camino enjuto que cruza bosques gigantes y vírgenes, bordeando charcos, vadeando arroyos que riegan el cacaotal, a la sombra del *cacahua-tatzin* en que pueden ser vistas las frescas huellas del tapir y del venado. No van entre soldados, ningún aparato de fuerza les constriñe. Es la costumbre que el vencido se presente donde el vencedor a pagar la deuda convenida, sin suspiros, recriminaciones, subterfugios. Vienen de cualquier modo, lo que en maya se dice tzootzoolabil. Apenas si un hombre entrado en años, de apariencia triste, que no habla en el trayecto, guía a los que conducen el botín: *tlamamas* —hombres de carga— que a espaldas llevan sartas de plumas, cántaros de miel, cestas de caracoles colorados, conchas de carey, cueros de venado albino, y otros de tigre; mantas finas, en *pletlacalli*, cargas de cacao, cestas de chalchihuites colorados, y, formando cortejo, algunas niñas que en el cautiverio aprenderán a ser mujeres: lo que se llama tributo del vencido al vencedor, previamente convenido para ajustar las paces.

Ya llegan a Centla, ya entran en el pueblo grande por el medio de las calles, objetos de la curiosidad de mujeres, niños, y uno que otro anciano que observan desde las puertas de las casas; ya llegan a la plaza gigantesca en cuyo centro se alza la ceiba de sagrada sombra, a cuyos costados fueron construidos los templos y la residencia del Halach Uinic, señor Tabscoob; ya se detienen frente a ella. En voz baja, respetuosa el guía de aspecto triste habla con alguien sin levantar los ojos, que trae en su mano derecha una vara gorda y corta que llaman *caluac*; examina a los recién llegados con la vista, mira por encima los productos, ordena, apuntando con su vara, que los depositen en la tierra, a la sombra generosa de la ceiba, y así que todo ha sido dispuesto ordenadamente, él revisa cosa por cosa, con meticulosidad y recuenta; satisfecho al fin, dicta órdenes a sus *macehuales* para llevar esto aquí, aquello allá.

Malinalli ha permanecido a la puerta de la casa del señor, con las otras mujeres. Todas visten *huipilli* sobre el pie; unas, dejan caer sobre sus hombros los cabellos, negros como el zanate; otras, en trenzas, enmarcando el rostro peculiar de las nativas de la palustre zona costera. Ella destaca por su color que quiere ser de piñón, de extraña y perlada palidez brillante —como patinado con tinte de oliva— en que los ojos negros arden a manera de braserillos para quemar las cejas duras, sostener la espléndida frente y calentar los labios húmedos, gentil trazo de pintor. Es más bien alta que mediana su estatura, robusta para sus años, doce, trece; en torneada pantorrilla anuda las sandalias que defienden los fuertes pies, anchos, grandes, familiarizados con las raíces de la selva, con el filo de las piedras.

Es la que en maya se dice *box-tamyim*: mozuela a la que apenas apunta el pecho, fruto verde no lejos de entrar en sazón. Mira nerviosamente, acaso con temor, en torno suyo.

Vuelve hacia ellas el *caluac* que recontó los productos y las mira, una a una, despaciosamente. Al rato, ya las había distribuido a todas en distintas casas. Malinalli se despide con los ojos del hombre triste que condujo el tributo, y entra en la casa del *Halach Uinic*, por indicación del mayordomo.

Ella, hija de señores vencidos, fue la primera en ser tomada en cuenta para pagar el error que sus padres y señores cometieron al perder la guerra, porque así era de riguroso el cumplimiento de la ley entre los llamados bárbaros: el culpable de algo tenía que pagar su culpa, que sufrir por ella.

Los mayas

La palabra maya "tabzcoob" proviene seguramente de Tabzáboon, que significa "nos engañaron"; creo que alude al desencanto sufrido por los mayas tabasqueños, como resultado funesto de su intervención militar en favor de Cocom, señor de la que fue capital de una raza, durante la guerra civil que produjo la desaparición de "la bandera de los mayas" —Mazapán—, ápice que había sido de una sola amistad, centro de la confederación mayense.

Cocom se erigió tirano; para imponer su despotismo, pidió auxilio bélico a sus confederados de Tabasco, que éstos le enviaron a espaldas de los confederados, Cocom celebró alianza con los del Anáhuac, a efecto de que también le enviaran tropas para combatir a los de Uxmal, lo que el imperio hizo, tomándolas de las destacadas en Xicalango y de sus colonias dispersas, incluidas en el seno del territorio tabasqueño. Con estos auxilios, Cocom el tirano destruyó a Uxmal.

Pero el señor de Uxmal siguió embrazando la rodela; con los suyos se refugió en la selva y consiguió luego reunir pueblos suficientes para continuar el combate contra Mayapán y sus aliados, hasta que logró vencerlos, desbaratando a Mayapán. Entonces fundó Maní, palabra que significa "todo pasó" o "todo acabó", esto es: se acabó para siempre la época de felicidad y de grandeza.

El primogénito del belicoso Cocom escapó de la exterminación que hicieron de su familia, porque a la sazón estaba en Ulúa, Honduras; regresó al recibir noticias del exterminio de su familia y de la destrucción total de Mayapán.

Refugiándose en la única zona que le siguió leal, Zotuta fundó el pueblo de Tibuloon, palabra quiere decir, "nos hundimos", y que hoy se dice Tibulón.

Todos y cada uno de los confederados mayapánicos —tal cual puede advertirse en las denominaciones de las ciudades que fundaron para refugiarse los grupos sobrevivientes a la funesta guerra civil— se mostraron desilusionados. Bien claro se advierte que entre todos hicieron el juego al imperio mexicatl, y que todos lo pagaron. Quizá como resultado de la sangrienta intriga que dio al traste con la confederación mayapánica, los mayas de Tabzcoob abandonaron Comalcalco y fundaron Centla.

Para mantener en pie el rigor histórico empleado en el propósito de rehacer a Malintzin, viéndola al trasluz de hechos por los cuales fue influenciada es menester transcribir textualmente las palabras de Fray Diego de Landa, obispo de esa diócesis, que posible y hasta necesariamente desfiguraron un tanto los hechos, pero que los sitúan.

El tirano entre los mayas

"Que el gobernador Cocom entró en codicia de riquezas, y que para esto trató con la gente de la guarnición que los reyes de México tenían en Tabasco y Xicalango prometiéndoles entregarles la ciudad, y que así trajo gente mexicana a Mayapán y oprimió a los pobres e hizo muchos esclavos; y los señores le hubieran matado si no hubiesen tenido miedo a los mexicanos. Que el señor de los tutuxities nunca consintió en esto y que viéndose (oprimidos) los de Yucatán, aprendieron de los mexicanos el arte de las armas y así salieron maestros del arco y flecha, de la lanza y hachuela, y sus rodelas y sacos fuertes de sal y algodón (acolchonado) y de otros pertrechos de guerra, y que ya no se admiraban de los mexicanos ni los temían, antes (bien) hacían poca cuenta de ellos. Y que en esto pasaron algunos años.

"Que aquel Cocom fue el primero que hizo esclavos, pero que de este mal (se) siguió usar las armas con que se defendieron para que no fuesen esclavos todos.

"Que entre los sucesores de la casa de Cocom hubo uno muy orgulloso e imitador de Cocom, y éste hizo otra liga con los de Tabasco (se refiere a los de las colonias de Xicalango Anáhuac, establecidos en territorio tabasqueño) y metió más mexicanos dentro de la ciudad y comenzó a tiranizar y a hacer esclavos a la gente menuda y que por esto se juntaron los señores en el bando de Tutu Xiú, que era gran republicano como sus (ante) pasados y se concertaron para matar a Cocom y así lo hicieron, matando a todos sus hijos sin dejar más que uno que estaba ausente, y saquearon sus casas y tomaron las heredades que tenía en cacao y otras frutas, diciendo que con ellas se pagaban de lo que les había robado; y que duraron tanto los bandos entre los cocotes —que decían ser echados injustamente— y los xiues que después de haber estado en aquella ciudad más de 500 años la desampararon y despoblaron, yéndose cada uno a su tierra".

En busca de razones que pudieran explicar la desaparición de la confederación mayense, quizá podría encontrarse la de la expulsión de Quetzalcóatl del ámbito del imperio mexicano, y la emigración del sacerdote dios hacia el oriente, de donde ofreció regresar. En costa del golfo embarcó y llegó donde los mayas con el nombre de Ku Kul Can, estableciéndose en Uxmal, ciudad a la que hizo prosperar con su sabiduría. Al saber esto, los del Anáhuac tramaron su persecución para alejarlo en definitiva, tal vez.

De ahí, posiblemente, que fuera promovida la contienda civil entre los mayas, de la que resultó la extinción de la confederación mayense, por una parte; por la otra, el abandono de sus centros ceremoniales, como Chichén, Uxmal, Comalcalco, que los españoles encontraron en ruinas y, por último, la nueva retirada de Quetzalcóatl hacia el sur, aspectos todos de una misma intriga política militar que favorecería el robustecimiento del imperio coluamexicatl.

Malinalli, entregada como esclava al señor de Tabzcoob, vio perturbadas sus creencias de la noche a la mañana; súbitamente fue arrancada del seno del hogar, cuando a sus años —doce, trece— ya se había cerrado en ella el primer ciclo emocional, el que abriga para siempre el conocimiento del idioma bebido con la leche materna, y había comenzado a formarse el segundo ciclo, el que al cerrar aprisiona el recuerdo de un grupo de cuestiones que principia dentro del hogar y trasciende al exterior, cuestiones que ligan al individuo con el medio: la moral, la religión, el sentimiento de solidaridad con los hermanos, que luego se extienden hacia los niños vecinos y crecen hasta abrazar el ambiente nativo, y que cuando no son interrumpidos o desviados, aportan un caudal grande o pequeño, según se les permita, al sentimiento de la nacionalidad, el que a su vez desemboca, si no es atajado por el exaltación, en el de la humanidad.

Pero en Malinalli fue roto el curso psicológico normal. Si hasta ayer, tomada de la mano de su madre, se inclinó ante el ara ensangrentada de Coatlicue-Diosinantzin, madre de los dioses, la de la falda de serpientes, o la de Sol-Huitzilopochtli y Tezcatlipoca; o ante Centeotl, la diosa del maíz, a partir de hoy, muy temprano, tuvo que arrodillarse ante otros dioses, sola, en súbita orfandad. Había quedado unida emocionalmente al amor, al recuerdo de su madre y de su idioma, para toda la vida, pero también habían fracturado en ella el puente que la hubiera podido conducir a la solidaridad con su medio nativo.

Los dioses buenos

En los comienzos, cuando el pueblo maya era niño bajo la guía de Zamná, Hunab Ku, único dios que preside el panteón maya —imposible de ser representado materialmente, por incorpóreo—, era mencionado sin decir su nombre apenas si con un suspiro; se le invocaba únicamente con levantar los ojos hacia el cielo, se le pedía perdón con inclinar la frente y enlazar las manos; se le hacía oración con el hecho simple de ser bueno y practicar el bien; se le ofrendaba flores. Edad entre los mayas que correspondió a la de Quetzalcóatl entre los toltecas. "Los Antiguos Anales de Cuauhtitlán" mencionan claramente esto:

"Se decía,
se refería que cuando gobernaba,
al Tiempo en que estaba el primer Quetzalcóatl,
el que se nombraba 1-Caña,
entonces nunca quiso los sacrificios humanos.
Pero después, cuando estuvo gobernando Huémac
comenzó todo aquello
que luego se hizo costumbre.
Esto lo empezaron los hechiceros"...

Dios es un símbolo que el hombre se hizo de acuerdo con su propia naturaleza. El hombre sanguinario tiene dioses ensangrentados; el hombre de paz tiene dioses pacíficos. Pero eso no cuenta para los pueblos, pues la masa camina al paso que marcan los rectores; los pueblos abrazan la religión de sus guías porque éstos gobiernan, dan rumbo, y el rebaño camina detrás del pastor. Pero si alguien llega, mata al pastor, y dispersa al rebaño, cada uno de los sobrevivientes del rebaño se lleva consigo a su dios, escondido, arropado en su propio corazón, porque cada quien aspira a tener en su poder la clave del bienestar, el escudo contra el infortunio, que también sirve para conectar lo explicable con lo inexplicable, a fin de usarla cuando la necesita.

La guerra de conquista impone al vencido una violenta mutación de dioses, lo que causa en él una convulsión psicológica que no termina nunca, porque en memoria de la sangre, esto es, en lo profundo del inconsciente, permanece en los pueblos el impulso inicial de explicárselo todo a través de la clave del dios primitivo, la que no se corresponde y a veces se contradice con la del dios yuxtapuesto.

No importa que el dios sobreviviente sea menos más sanguinario que el anterior. Para cambiarle dios a un creyente, precisa cambiar la naturaleza del creyente. Y esto no puede ser hecho por medio de la violencia, porque con ésta sólo se consigue desorientarlo más, sumirlo en mayor desamparo, motivar esto que sentimos, eso que vemos, lo que precisa corregir: lo idolátrico del mexicano.

La esclava

Ahí está Malinalli, hincada frente: al ara de los templos mayas. Y ¿qué se culpa en ella, qué de oprobioso hay en su actitud, si el imperio que oprimía a su tierra, que imponía normas a la vida de su colectividad, la entregó como esclava al extranjero, la incluyó en un botín de guerra como parte de pago para ajustar las paces con el vencedor?

Ahí está, en sus lágrimas, tratando de romper con lo que creía desarraigándose de su dios nativo para ver de entendérselas con los dioses mayas

Para la esclava, el día no empieza cuando sale el sol ni termina cuando el sol se pone; su tarea comienza mucho antes de que despierte el gallo, concluye en la noche, cuando concluye, pues a veces ni siquiera puede reposar lo indispensable; de la vigilia hace naturaleza, descansa despierta, duerme andando, camina dormida sin error, con la certeza del sonámbulo. Ella tiene la obligación de advertirlo todo, de saberlo todo; al mismo tiempo, el más elemental de sus deberes es aparentar ignorarlo todo, ver sin ver, hacer como que no se da cuenta de nada; sonreír si la miran, distraídamente sonreír...

Mientras sirve al señor, penetra en el conocimiento de la lengua maya, sin sospechar que un día le servirá como puente a la inmortalidad; no sólo, sino también Aprende a servir de manera incondicional, bajo el clima tórrido, enervante, en que la vida estalla, en que el sol, calentando la humedad, derrama incitantes aromas de creación. De la escoba a la cocina, a la piedra de moler el nixtamal, al manantial con los cántaros; al río con la cesta de ropa a lavar sobre las piedras, en la orilla que invitó a Centla a establecerse ahí, a sembrar sementeras, cocoteros, mangos, zapotes, nances, cacaotales, tamarindos; y después del quehacer, en el recato de los remansos, el entregarse al agua rumorosa para gozar el desinterés de la caricia limpia, en el mediodía canicular, nadando con largas brazadas silenciosas, entre peñascos redondeados por el cariño secular del río... Ahí, a la sombra de árboles gigantes, alguna vez ensoñó; alguna vez miró hacia el azul, y lo encontró alto, inasible, azul nada más. Y vio pasar las nubes de formas caprichosas, pequeñitas, blancas o negras y cargadas de tormenta, quizá sin ver en ellas un presagio.

Lavando ahí, en la orilla del Tabasco, habrá sonreído al preguntarse si el agua que se le escurría entre los dedos era del Mezcalapa, o si bajaba de la sierra, o si de Chilapilla, de Chilapa, del Usumacinta, del Tabasquillo, o si de los arroyos que desaguan las extensas lagunas y tierras anegadizas, o de dónde, que se le hacía espuma y caricia entre las manos, sin presentir que en esas fuentes derramaría lágrimas.

De la corriente navegable del Tabasco —hoy Grijalva—, fluían a Centla los conocimientos: toda la cuenca del poderoso río tributa en su desembocadura; aquí afluían los dialectos ribereños: la Chontalpa mandaba, flotando en canoas y piraguas, el chontal; de Palenque llegaba, sobre la espalda del Usumacinta, el putum; de la sierra alta bajaba el tecpaneca, recogido en Tapijulapa, Oxolotán, Puscatán, Teapa... La heterogeneidad, los matices del maya, bajaban por el río; zoques, ahualulcos, tzendales... Ella nadaba en el río y se los bebía al través de la piel, se impregnaba de ellos, lo mismo bajo los árboles gigantes que a la sombra de los manglares ribereños, donde el agua regresa al seno maternal, al mar.

Malinalli creció en la esclavitud un poco patriarcal, propia del tiempo en que no se pagaba salario; en que el amo daba techo, comida, vestido, educación y palos. Se alzó sin apoyo familiar, lo que la despojó de lazos emocionales de contención; el infortunio la dotó de agilidad para obedecer al amo y entender los problemas del diario trajín, trabajó su voluntad hasta hacerla acomodaticia, incapaz de pequeñas y grandes decisiones, pero ciega, férrea, diamantina, en el seguimiento de las órdenes.

Era una esclava. Cuando estaba en presencia de sus amos, adoptaba la humilde naturaleza del que nada más sabe obedecer, del que no puede disentir junto al fogón, echando tortillas al comal —redondas, breves, delgaditas, blancas—, o gordas, pellizcadas, levemente cubiertas de unto y sal, o alargadas memelas; o bien, poniendo en la olla de brillante barro la carne de animalitos de la selva, o pescados del río, en la fritanga, aprendió que una esclava, cuando se entrega al arte de cocinar, siempre merece una palabra de la bondad de sus señores. Quizá sólo dejaba de ser esclava cuando veía hacia el azul de lo alto, o hacia el de la lejanía, el del horizonte de la sonora mar, hundida hasta los tobillos en las arenas finas.

Ya la hierba había crecido muy alta en los caminos de la amistad entre los mayas; los que llevaban de Tabasco a Itzmatul —el que recibe o posee la gracia o rocío del cielo—, estaban cubiertos de nudosos troncos que entre sí se amarraban con bejucos, de modo que por ellos podían deslizarse las alimañas, las culebras, pero no transitar los peregrinos con ofrendas a Kab-ul, la mano bienhechora, que en otro tiempo buscaron consejo de Zamná, sacerdote y caudillo.

Habían caído los puentes que otrora salvaban arroyos y ríos para que el *sac bé* diera seguridades al caminante, pero el idioma y la teogonía eran los mismos. Aunque ya muy débilmente, todavía se extendía *Kab-ul* de likin a chikin, de donde sale el sol hasta donde se pone, de oriente a poniente, dicho con palabras de hoy, y aun eran hermanos los señores de Champotón y de Tabasco. Gracias a eso, un día entre tantos, uno después de muchos de aquél en que fue rota la confederación mayense, por piragua que vino con viento y remo, pudo saberse, primero en la casa del sacerdote, después en la del Halach Uinic, una noticia que hizo abrir mucho los ojos:

—En casas que flotan sobre el mar, empujadas sólo por el viento que hincha las velas grandes, llegaron hombres blancos y barbados a la punta de nuestra tierra... Bajaron con el pretexto de buscar agua, queriendo hacer comercial pero entraron a los *cues* sin guardar las formas, y peleamos con Mochocoboc a la cabeza... Usaron unas cañas duras, más que la piedra dura, que hacen *uak* y matan como si te diera el rayo; sólo oyes el *uak* cuando no te da donde mata, porque si te da, ni tiempo tienes para oírlo; si ves el *uak*, parece un relámpago; si el *uak* pega en un árbol grande, o en la pared de tu casa, hace un hoyo; a veces se cae la pared; si da contra un árbol tierno, lo troza, como hace el viento airado con las cañas del maíz... Peleamos fuerte, fuerte y los derrotamos; los correteamos hasta dentro del agua; subían a sus casas como si fueran sapos; todos ellos se fueron heridos, hasta el jefe... Perdimos quince hombres y nos llevaron dos, pero triunfamos... Pasaron unos días y bajaron en *A-kin-Pech*, por agua, pero se fueron con su sed, huyendo... Pasaron otros días y regresaron a *Putun-chan*, donde peleamos bien... les matamos cincuenta y aprisionamos a dos, que sacrificamos... "uno llamado Alonso Bote y otro un viejo portugués".

Tabzcoob quedó absorto, mientras cuchicheaban los consejeros; Malinalli iba y volvía, en el trajín doméstico, sin perder palabra; fue sacudida por la noticia, igual que todos los del pueblo. Era el tiempo en que se acostumbraba doblar las cañas del maíz en las sementeras, para que faltas de savia nutricia y calentadas por el sol, acabaran de secarse las mazorcas. Malinalli ayudó a dar de comer a los mensajeros y después los vio partir en su piragua.

Discutieron largo tiempo Tabzcoob y sus consejeros, el tema del debate fue el de concretar si era fatalmente necesario pelear con los blancos, en caso de que desembarcaran en sus playas, o no, porque si llegaban con el solo propósito de hacer comercio, ¿por qué no comerciar?

Lo mejor que traen son unos chalchihuites azules y verdes y blancos y rojos y negros, de todos colores; algo como un ojo de agua tranquila en el que te puedes ver la cara, y cuchillos que cortan mejor que los nuestros. A cambio piden comida primero, y oro después...

La reunión se disolvió hasta muy noche; muchos del pueblo esperaban, charlando con excitación, bajo la ceiba gigante, en la plaza; la gente entraba y salía de los teocalis cuando el señor Tabzcoob entró a conferenciar con los sacerdotes. La noche de ese día no se durmió en Centla, pero al siguiente continuaron cayendo las hojas de los árboles, cubriendo el suelo; el agua del río siguió redondeando los peñascos, igual que siempre, aunque los rostros de los hombres dejaron de sonreír con alegría, para tornarse graves: el Halach Uinic, sus consejeros, el hechicero, el adivino, reunidos con sacerdotes y capitanes, consultaron los horóscopos para ver de saber a ciencia cierta si los cuatro bacabes seguirían sosteniendo el cielo. Como resultado, llegaron al acuerdo de pelear con los blancos si era necesario, como habían hecho los de Potonchán, o comerciar si convenía, pero con rogativas en los templos dirigidas al propósito de que no volviera. Mientras tanto, la noticia fue tierra adentro, hasta Motecuhzoma, y regresó diciendo:

—Sí... Está presagiado... Es Quetzalcóatl que regresa ...

La expedición de Grijalva

Ha pasado más de un año, de pronto, de una canoa grande saltó a la playa la noticia desnuda, y fue por ella a toda prisa, levantando la arena con sus pies, como una mujer con miedo; montó un tronco ahuecado para remontar el río, remó cortando el agua como pez volador, desembarcó en la orilla del estero, siguió corriendo al través de las huertas perfumadas por la flor del nance y se entró en el pueblo, sudorosa, para mostrarse íntegra frente al Halach Uinic:

—*He cu tal... He cu tal le uinicé...* Ya viene... ya viene aquel hombre...

La noticia desnuda reunió al pueblo, igual que si lo hubiera llamado con tambor, y en seguida lo hizo dispersarse, como si los hubiera espantado a todos con su desnudez o tal si a cada uno hubiera dado una consigna y todos corrieron presurosos a realizarla. Mientras unos fueron por sus rodelas, arcos, hondas, flechas, lanzas y penachos de plumas, otros aparejaban canoas y piraguas de guerra, muchos bajaron a la playa, a espiar, escondidos entre las horquetas de los mangles del estero, medio cuerpo dentro del agua, para ver sin que los vieran, a los cuatro navíos del capitán Grijalva meciéndose en la mar, y comentar con azoro:

—¡De veras que son grandes sus casas que flotan!...

Aquí está Bernal, el cronista soldado, refiriendo lo que pasó, visto desde afuera, en el capítulo XI de su libro inmortal:

"Navegando costa a costa la vía del poniente, y nuestra navegación era de día, porque de noche no osábamos por temor de bajos y arrecifes, a cabo de tres días vimos una boca de río muy ancha y llegamos cerca de tierra con los navíos; parecía un buen puerto, y como nos fuimos acercando de la boca vimos reventar los bajos antes de entrar en el río y allí sacamos los bateles y con la sonda en la mano hallamos que no podían entrar en el puerto los dos navíos de mayor porte. Fue acordado que anclasen fuera, en la mar, y con los otros dos navíos, que demandaban menos agua, que con ellos y con los bateles fuésemos todos los soldados el río arriba, por causa que vimos muchos indios estar en canoas en las riberas, y tenían arcos y flechas y todas sus armas, según y de la manera de Champotón, por donde entendimos que había por allí algún pueblo grande; y también porque viniendo como veníamos navegando costa a costa, habíamos visto echadas nasas con que pescaban en la mar, y aún a dos de ellas se les tomó el pescado con el batel que traíamos a jorro de la capitana. Este río se llamaba de Tabasco porque el cacique de aquel pueblo se decía Tabasco, y como lo descubrimos en este viaje y Juan de Grijalva fue el descubridor, se nombra río de Grijalva, y así está en las cartas de marear.

"Tornemos a nuestra relación; que ya que llegábamos obra de media legua del pueblo, bien oímos el gran rumor de cortar madera de que hacían grandes mamparos y fuerzas y palizadas y aderezarse para darnos guerra, por muy cierta; y desde que aquello sentimos, desembarcamos en una punta de aquella tierra, a donde había unos palmares que será del pueblo media legua, y desde que nos vieron entrar vinieron obra de cincuenta canoas con gente de guerra, arcos, flechas y armas de algodón, rodelas y lanzas y sus tambores y penachos. Y estaban entre los esteros otras muchas canoas llenas de guerreros, y estuvieron algo apartados de nosotros, que no osaron llegar como los primeros. Y desde que nos vimos de aquel arte, estábamos por tirarles con los tiros y con las escopetas y ballestas, y quiso Nuestro Señor que acordamos de llamarlos; con Julianillo y Melchorejo, que sabían muy bien aquella lengua, se les dijo que no hubiesen miedo, que les queríamos hablar cosas que desde que las entendiesen habrían por buena nuestra llegada allí y a sus casas; y que les queríamos dar de las cosas que traíamos. Y como entendieron la plática, vinieron cerca de nosotros cuatro canoas, y en ellas obra de treinta indios, y luego se les mostró sartalejos de cuentas verdes y espejuelos y diamantes azules. Y desde que los vieron parecía que estaban de mejor semblante, creyendo que era *chalchiuis*, que ellos tienen en muchos.

"Entonces el capitán les dijo, con las lenguas Juanillo y Melchorejo, que veníamos de lejanas tierras y éramos vasallos de un gran emperador que se dice don Carlos, el cual tiene por vasallos a muchos grandes señores y caciques, y que ellos le deben tener por señor, y que les iría muy bien en ello, y que a trueque de aquellas cuentas nos den comida y gallinas. Y respondieron dos de ellos, que el uno era principal y el otro papa, que son como sacerdotes que tienen cargo de los ídolos, que ya he dicho otras veces que *papas* los llaman en la Nueva España, y dijeron que darían el bastimento que decíamos y trocarían de sus cosas a las nuestras, y en lo demás, que señor tienen, y que ahora veníamos y sin conocerlos ya que les queríamos dar señor, y que mirásemos, no les diésemos guerra como en Potonchan, porque tenían aparejados sobre tres *xiquipiles* de gente de guerra, de todas aquellas provincias, contra nosotros; son cada *xiquipil* ocho mil hombres.

"Y dijeron que bien sabían que pocos días había que habíamos muerto y herido más de doscientos hombres en Potonchan, y que ellos no son de tan pocas fuerzas como fueron los otros, y por esta causa habían venido a hablar para saber nuestra voluntad, y aquellas palabras que les decíamos que se las irían a decir a los caciques de muchos pueblos que están juntos para tratar guerra o paces. Y luego el capitán les abrazó en señal de paz y les dio unos sartalejos de cuentas y les mandó que volviesen con la respuesta con brevedad, y que si no venían, que por fuerza habíamos de ir a su pueblo, y no para enojarlos.

"Y aquellos mensajeros que enviamos hablaron con los caciques y papas, que también tienen voto entre ellos, y dijeron que eran buenas las paces y traer comida; y que entre todos ellos y los demás pueblos comarcanos se buscaría luego un presente de oro para darnos y hacer amistades...

"Y en aquella punta de los palmares donde estábamos vinieron otro día sobre treinta indios, y entre ellos el cacique, y trajeron pescado asado y gallinas y frutas de zapote y pan de maíz, y unos braseros con ascuas y con sahumerios y nos sahumaron a todos; y luego pusieron en el suelo unas esteras, que en esta tierra llaman petates, y encima una manta, y presentaron ciertas joyas de oro, que fueron unas como diademas y ciertas joyas como hechura de ánades, como las de Castilla, y otras joyas como lagartijas, y tres collares... y que no tienen más oro que darnos; que adelante, hacia donde se pone el sol, hay mucho, y decían: Colúa, Colúa, y México, México, y nosotros no sabíamos que cosa era Colúa ni aun México... Y desde que lo hubieron presentado, dijeron que nos fuésemos luego adelante. Y el capitán Juan de Grijalva les dio gracias por ello, y cuentas verdes...

"El clérigo de la expedición —dice don Carlos Pereyra—, que se supone era Juan Díaz de Guevara, en un Itinerario de la Armada, describe una extraña ceremonia. El cacique mandó que uno de sus indios vistiese de reyezuelo indígena al capitán Grijalva. Le puso una coseleta y ajorcas de oro, borceguí hasta media pierna con adornos de oro y una corona de oro. En correspondencia, los españoles vistieron al cacique con calzas rosadas, gorra negra de terciopelo, jubón verde y alpargatas. Las Casas (Fray Bartolomé), convierte las alpargatas en zapatos nuevos de cuero, y dice que el sayo era el mismo de Grijalva".

De alguna relación indígena deriva un dato que encuadra con lo que Pereyra llama "extraña ceremonia", del que resulta que fueron enviados de Motecuhzoma quienes obsequiaron a Grijalva de tan generoso modo, a cuyo jefe el autor del Itinerario llamó "cacique". Este antecedente, explicaría los espontáneos obsequios de Motecuhzoma a Cortés, pues parecería lógico suponer que si el procedimiento seguido con Grijalva dio como resultado el que se marchara en paz del litoral mexicano, ¿por qué no suponerlo eficaz para alejar a Cortés?

El espejo

Malinalli, al igual que todo Centla, observó de cerca a los blancos; más a Grijalva, ostensiblemente jefe, para examinarle bien; vio que le sahumaron y advirtió extrañeza en el rostro del blanco, así que el humillo del sahumerio le dio en la nariz y en los ojos; ella sabía que el alimento de los dioses era hecho del aroma de la sangre y del perfume que despide la resina del copal, cuando quemada; creció su azoro cuando le miró comer de las tortillas y de las viandas que ella había hecho con sus propias manos y, sobre todo, cuando entendió sus regateos en el comercio, al trocar objetos...

Así que partieron los blancos porque Tabzcoob les pidió que lo hicieran para no tener que pelear, ella empleó muchas de sus horas en preguntarse a sí misma si serían hombres, si serían dioses, mientras se miraba y remiraba en uno de los pequeños espejos rescatados, redondo, inexpresivo aparentemente, pero capaz de reflejarlo todo, inclusive al padre sol con insolente orgullo, devolviéndole sus rayos.

Sí que había crecido Malinalli; ahora sí que lo veía ella misma en el espejo: sus muslos parecían, por lisos y duros, troncos de plátano joven, sosteniendo cerradas caderas, y el vientre firme, mundo en potencia, rematado por la breve majestad del busto; de hombros redondos y cuello erguido por la costumbre de transportar el cántaro de agua a la cabeza...

Ha madurado ya; el trabajo asiduo de sol a sol había dotado de reciedumbre a sus músculos; la esclavitud había conseguido poner un algo indefinible en lo más profundo de sus ojos negros, que quizá fuera melancolía, y otro quién sabe qué de ansiedad, de tristeza, entre los labios, que bien podría ser la cicatriz de la sonrisa, o el deseo de sonreír.

Ya sabe obedecer de tal manera, que entiende la mirada del amo en todos sus matices y ejecuta órdenes anticipándose a ellas, sin equivocarse; sabe rajar la leña, prender la lumbre, cazar, si precisa, los animalitos de la selva, cocinarlos, disponer manteles; sembrar el maíz, barbechar la sementera, doblar las cañas para que seque el fruto, cosechar, desgranar las mazorcas, hacer el atole del maíz, cocinar el nixtamal, molerlo con el meclapil, sobre el *meclapil*, hasta convertido en masa nívea, echar tortillas y gordas... Ha madurado ya...

La esclava Malinalli se mira en el espejo —brujería que trajo Grijalva—, buscándose a sí misma; a fuerza de mirarse los ojos, reencontró su sonrisa, esa que luce en los dieciocho años de todas las mujeres que tienen labios finos y dientes blancos. Y sonriendo enigmáticamente, sin perder de vista al cristal azogado puesto contra el cielo para que reflejara luz en su rostro, pensó más de una vez en si los blancos serían dioses generosos al grado de cambiar un espejo por el oro miserable, o sí hombres nada más, que habían traído la trampa del espejo para poderla espiar desde la ausencia.

Malinalli Tenépal

La palabra "tenépal" —opinó el sabio filólogo nahuatlista, D. Mariano Rojas, consultado al efecto— se deriva de *tene*, que quiere decir *afilado, filoso, puntiagudo, cortante*, y por extensión, en sentido figurado quiere decir, *persona que tiene facilidad de palabra, que habla mucho y con animación*. Por último, la palabra tenépal se puede derivar de tempalli, que quiere decir *labio*, de donde tenépal significaría: *persona que tiene labios gruesos*, y esto, como figura, vendría a decir lo mismo que asentamos arriba, o sea, *persona que habla mucho y con animación*.

Antón de Alaminos, el piloto que condujo hasta las costas del Golfo a las tres expediciones —Velázquez, Grijalva, Cortés—, contempló a Centla desde la cubierta de la nave capitana, largamente, dos veces. Vivamente impresionado escribió a España lo que vio, y Pedro Mártyr de Anglería lo publicó entreverando su información con otras: "Dícese que hacia la orilla del río se extiende una ciudad tan grande que no me atrevo a decirlo: de legua y media, dice el piloto Alaminos, y veinticinco mil casas. Otros reducen la magnitud y el número, aunque confiesan que es grandísima y célebre. Las casas, magníficamente edificadas de piedras, y cal con industria arquitectónica, están separadas por huertos. A sus habitaciones se sube por escaleras de diez, y en algunas de doce escalones. A nadie es lícito recargar con vigas o maderos la pared del vecino. Todas las casas están separadas con el espacio de tres pasos y cubiertas con techos de paja la mayor parte, y bastantes con láminas de piedra".

Eso, vista la ciudad desde la nave. Para verla por dentro siquiera en lo esencial, precisaría recordar que la concepción maya del mundo era la de suponerlo plano; una llanura inmensa, en cuyo centro se alzaba la ceiba, capaz de dar sombra a los inmortales. Cuatro bacabes sostenían el cielo para que no cayera. De esta concepción del universo venía el trazo de las ciudades: en torno de la plaza pública, siempre grande, se alzaban los templos y las residencias de los jefes; en el centro crecía la majestuosidad del *pochotl*, nombre maya de la ceiba, árbol gigante cuyo fruto cónico produce una especie de algodón. Su fronda extensa, casi horizontal, que a veces cubre un diámetro hasta de cincuenta metros, proyecta sombra sedante, verdaderamente ansiada por quienes han caminado largo bajo el rigor del sol.

La ceiba sagrada

Al amparo de la ceiba jugaban los muchachos, encontraban ámbito los debates de interés general, los discursos cívicos. En el ardor del trópico, propio de los pueblos mayas del Golfo, la ceiba era tronco de tradición, con ramaje perennemente verde poblado de trinos y leyendas; cabe su sombra, todavía se defienden los caminantes de la fatiga y del sol abrasador; en sus ramas, aún hace el pajarerío su fiesta crepuscular de gorjeos; y cuando todo enmudece bajo el brillo lunar, la Xtabay de la leyenda se instala junto al tronco, según dicen quienes la ven, y se pone a peinar sus cabellos largos, entre los que más de uno se ha enredado de amor. Por todo eso, la ceiba fue y es para los mayas, desde siempre, símbolo de paz y de refugio, sombra sagrada.

Entre esta sombra discurrían, cuando llegó Cortés, sólo tres castas, dispuestas piramidalmente: en la base, los esclavos; inmediatamente, el escalón de los tributarios: agricultores y comerciantes; en seguida el ejército, brazo ejecutor de la nobleza y del sacerdocio, que ocupaban la cúspide.

Para iluminar a Malinalli Tenépal con la meridiana claridad del día de su nacimiento en la historia —16 de marzo de 1519—, sin permitir que doña Imaginación —señora del poema y la novela— intervenga en el propósito, daremos paso en primer término al relato de un actor en la batalla de Centla —Bernal—, seguido de su comentario a la crónica de Gómara en que éste atribuyó el buen éxito militar a la intervención milagrosa del Apóstol Santiago, para escuchar después los relatos de Martyr de Anglería y del Cronista Mayor de su Majestad, D. Antonio de Herrera:

"... y topamos todas las capitanías y escuadrones que nos iban a buscar —dice Bernal en el capítulo XXXIV en su Historia— y traían grandes penachos y tambores, y trompetillas, y las caras almagradas, blancas y prietas, y con grandes arcos y flechas, y lanzas y rodelas, y espadas como montantes de a dos manos, y muchas hondas y piedras y varas tostadas, y cada uno sus armas colchadas de algodón. Y así como llegaron a nosotros, como eran grandes escuadrones, que todas las sabanas cubrían, y se vienen como rabiosos y nos cercan por todas partes, y tiran tanta de flecha, y vara, y piedra, que de la primera arremetida hirieron más de setenta de los nuestros, y con las lanzas pie con pie nos hacían mucho daño; y un soldado murió luego de un flechazo que le dieron por el oído; y no hacían sino flechar y herir a los nuestros, y nosotros, con los tiros y escopetas y ballestas y a grandes estocadas no perdíamos punto de buen pelear; y poco a poco, desde que conocieron las estocadas, se apartaban de nosotros; mas era para flechar más a su salvo, puesto que Mesa, el artillero con los tiros les mató muchos de ellos, porque como eran grandes escuadrones y no se apartaban, daba en ellos a su placer, y con todos los males y heridos que les hacíamos no los pudimos apartar. Yo dije: Diego de Ordaz, me parece que podemos apechugar con ellos, porque verdaderamente sienten bien el cortar de las espadas y estocadas, y por esto se desvían algo de nosotros, por temor de ellas y por mejor tirarnos sus flechas y varas tostadas y tantas piedras como granizos. Y respondió que no era buen acuerdo, porque había para cada uno de nosotros trescientos indios; y que no nos podríamos sostener con tanta multitud; y así estábamos con ellos sosteniéndonos. Y acordamos de allegarnos cuanto pudiésemos a ellos, como se lo había dicho el Ordaz, por darles mal año de estocadas, y bien lo sintieron, que se pasaron de la parte de una ciénega. Y en todo este tiempo, Cortés, con los de a caballo, no venía, y aunque le deseábamos temíamos que por ventura no lo hubiese acaecido algún desastre.

"Me acuerdo, que cuando soltábamos los tiros que daban los indios grandes silbos y gritos y echaban pajas y tierra en alto, porque no viésemos el daño que les hacíamos, y tañían tambores y trompetillas y silbos, y voces, y decían: *Alala, Alala*. Estando en esto, vimos asomar los de a caballo, y como aquellos grandes escuadrones estaban embebecidos dándonos guerra, no miraron tan de presto en ellos como venían por las espaldas, y como el campo era llano y los caballeros buenos, y los caballos algunos de ellos muy revueltos y corredores, les dan tan buena mano y alancean a su placer. Pues los que estábamos peleando, desde que los vimos, nos dimos tanta prisa, que los de a caballo por una parte y nosotros por otra, de presto volvieron las espaldas. Y aquí creyeron los indios qué el caballo y el caballero eran todo uno, como jamás habían visto caballos. Iban aquellas sabanas y campos llenos de ellos, y se acogieron a unos espesos montes que allí había.

"Y desde que los hubimos desbaratado, Cortés nos contó cómo no había podido venir más presto, por una ciénega, y cómo estuvo peleando con otros escuadrones de guerreros antes que a nosotros llegasen. Y venían tres de los caballeros de a caballo heridos, y cinco caballos. Y después de apeados debajo de unos árboles y casas que allí estaban, dimos muchas gracias a Dios por habernos dado aquella victoria tan cumplida... Esta fue la primera guerra que tuvimos en compañía de Cortés en la Nueva España..."

"Aquí es donde dice Francisco López de Gómara —prosigue el viejo Bernal haciendo un guiño— que salió Francisco de Morla en un caballo rucio picado, antes que llegase Cortés con los de a caballo, y que eran los santos apóstoles señor Santiago o señor San Pedro. Digo que todas nuestras obras y victorias son por mano de Nuestro Señor Jesucristo, y que en aquella batalla había para cada uno de nosotros tantos indios que a puñados de tierra nos cegaran, salvo que la gran misericordia de Nuestro Señor en todo nos ayudaba; y pudiera ser que los que dice Gómara fueron los gloriosos apóstoles señor Santiago señor San Pedro, y yo, como pecador, no fuese digno de verlo. Lo que yo entonces vi y conocí fue a Francisco de Morla en un caballo castaño, y venía juntamente con Cortés, que me parece que ahora lo estoy escribiendo se me representa por estos ojos pecadores..."

El hombre a caballo

Pedro Mártyr de Anglería, protonotario y cronista de sus Católicas Majestades, a cuyas manos concurrieron numerosas versiones de los acaecimientos, refiere así la batalla en el capítulo primero del Libro VII de sus Décadas:

"Cuarenta mil hombres dijeron los bárbaros que habían tomado parte en la lucha de aquel día, viéndose, sin embargo vencidos por unos pocos por su nueva manera de pelear a caballo. Pues atacando los jinetes a los bárbaros por detrás desbarataban los pelotones, matando e hiriendo a derecha e izquierda, como a rebaños descompuestos, sirviéndose de las armas de fuego. Amedrentados por el prodigio, los infelices se encontraban tan embarazados que ni tenían ocasión de usar sus dardos. Creían que era una misma cosa el caballo y el hombre que lo montaba. como de los centauros lo cuenta la fábula..."

Y Antonio de Herrero, cronista mayor de su Majestad, que a su vez manejó pluralidad de testimonios con abierto criterio de favorecer a sus compatriotas los conquistadores, dice en el capítulo XII del Libro IV de su *Historia de las Indias*: "... i que los caballos eran tan bravos, i tan ligeros, que les parecía (a los tabasqueños, preguntados por Hernando Cortés) que con la boca los querían tragar, y que volaban, pues los alcanzaban, por mucho que ellos corrían".

Sólo a través de la prosa del vencedor se sabe de los 800 muertos y millares de indígenas heridos en las sabanas arenosas de Centla, a cambio de dos conquistadores caídos y de algunas decenas de maltrechos por flechas y macanas y varas tostadas. No hay testimonio de los vencidos a la vista. Más debe creerse que aquella fue una verdadera matanza ocasionada en parte por la diferencia de armamentos, en otra debida a la infantil manera de pelear que tenían los aborígenes y, por última, a la sorpresa terrible de ser alcanzados en la carrera por los caballos y alanceados impunemente por los jinetes... Sí, fue una carnicería, una hecatombe, la ocurrida en la sabana inmediata a la ciudad de Centla.

Todos los *halach-uiniques* del Grijalva se reunieron esa noche en la residencia de Tabzcoob; sin escuchar a Melchorejo —quien les indujo a pelear trayéndoles el recuerdo de la acción de Champotón, en la que él y Julianillo habían resultado prisioneros a trueque de la absoluta derrota de Velázquez—, fue ordenado su sacrificio. Y deliberaron. Se acordó dar a los españoles lo que pedían, con la esperanza de que se marcharan: poco oro y los muchos alimentos que había. Y mientras, para desahogar el hálito de terror que corría en el seno de la población civil, se ordenó la evacuación de la ciudad refugiando a las familias en el monte, unas, y otras enviadas río arriba, en canoas y piraguas.

Como resultado del acuerdo, al día siguiente se presentó en el campamento de Cortés, sin ceremonia, siguiendo la costumbre, una comisión integrada por vecinos modestos y tlamamas que aún tenían los rostros de guerra, almagrados, la que ofreció el tributo. La sagacidad del faraute Aguilar, conocedor de las costumbres mayas gracias a su larga prisión en Yucatán, advirtió el pobre atuendo de los portadores del tributo y se lo hizo notar al capitán, en lo que éste encontró estribo para exigir la presencia de los señores vencidos. "Y luego otro día vinieron treinta indios principales y con buenas mantas, y trajeron gallinas y pescado y fruta y demandaron licencia para quemar y enterrar los muertos..."

"Otro día de mañana, que fueron a quince días del mes de marzo de 1519 años, vinieron muchos caciques y principales de aquel pueblo de Tabasco" continúa Bernal en el capítulo XXXVI de su *Historia Verdadera*, "y de otros comarcanos, haciendo mucho acato a todos nosotros, y trajeron un presente de oro..." y les preguntó de qué parte traían oro y aquellas joyezuelas; respondieron que hacia donde se pone el sol y decían "Culúa", y "México", y como no sabíamos qué cosa era México ni Culúa, dejábamoslo pasar por alto..."

Cambiando de amo

"... y no fue nada todo este presente —afirma Bernal— en comparación de veinte mujeres, y entre ellas una muy excelente mujer que se dijo doña Marina, que así se llamó después de vuelta Christiana... y diré que Cortés recibió aquel presente con alegría y se apartó..."

D. Antonio de Herrera, el Cronista Mayor de las Indias, dice en la parte relativa de su Historia, tras referir la entrevista de Cortés con los señores del Grijalva: "i con esto se despidieron, y embiaron bastimento, y veinte esclavas para hacer el pan, con sus piedras, en que muelen el maíz, las cuales repartió Hernándo Cortés por los Capitanes, i personas principales: i cupo aquella Marina, de quien adelante se hará mención, a Alonso Hernández Portocarrero".

Martyr de Anglería dice: regalaron también a los nuestros algo de oro, y además veinte mujeres".

A decir verdad, en eso coinciden todos: en que fueron veinte esclavas regaladas, veinte esclavas que cambiaron de amo cada una de ellas. Así nació Malinalli Tenépal como detalle casi inadvertido de un conjunto de esclavas puestas al servicio de los vencedores. Al día siguiente fue cristianizada con el nombre de Marina. Pero las otras diecinueve también fueron bautizadas y ninguna de ellas dejó su nombre. Se fueron como las hojas, con el viento.

Marina

Parece claro que no fue bautizada arbitrariamente. Los españoles acostumbraban usar nombres del santoral cristiano para denominar lo que descubrían; lo mismo hacían con las personas. Y el de Marina no es nombre hagiográfico, sino que surgió evidentemente de la eufonía de Malin o de Malina... lli. Se lo impusieron porque aportaba la ventaja inmediata de llamarla en castellano, aludiéndola en forma tal que ella se sintiera aludida en forma semejante a la de su propio idioma, sin sufrir el momentáneo desconcierto que padece quien sufre de súbito cambio en su nombre.

Así, lo que originalmente surgió del nombre de Malin, o del verbo "malina" —torcer—, o de Malinalli, fue cambiado por Marina, acertada repetición eufónica, inteligente reiteración de los elementos acústicos del vocablo inicial, que pasaría por castellanización de la raíz indígena.

"... y se apartó —sigue diciendo Bernal— con todos los caciques y con Aguilar, el intérprete, a hablar; y les dijo que por aquello que traían se los tenía en gracia, mas que una cosa les rogaba: luego mandasen poblar aquel pueblo con toda su gente y mujeres e hijos y que dentro de dos días le quiere ver poblado y que en esto conocerá tener verdadera paz. Y luego los caciques mandaron llamar todos los vecinos y con sus hijos y mujeres en dos días se pobló..."

Obtenida así, con el regreso de las familias, la certeza de la rendición, Cortés reconoció la ciudad, la ocupó, convirtiendo en cuartel a los teocalis, y convocó a los señores ribereños a una reunión en la inmensa plaza pública, a la sagrada sombra del pochotl.

En una de esas mañanas de marzo que parecen hechas para la eclosión apoteótica de las fuerzas de la naturaleza, cuyos gigantescos personajes son el sol, el cielo azul, el sonoro mar, el río poderoso, y el bosque anciano y virgen; en que se respiran los cálidos efluvios con que la primavera expulsa al invierno, Malinalli Tenépal barría el frente de la residencia del Halach Uinic, por donde habría de pasar el vencedor de la tremenda batalla, con otras muchas compañeras suyas de la servidumbre. Ella no se daba cuenta de que con la escoba en la mano podía hacer resucitar el mito de Coatlicue, empreñada sin saber cómo en la sierra de Coatepec.

Allí, en la plaza pública, poco después, se reunían los señores y el pueblo vencido con sus vencedores. Allí están ellos; ya vienen, ya van llegando en corceles que piafan y relinchan, envueltos en sus hierros resonantes; los de a pie con sus escudos y sus lanzas y en que refleja el sol. Asomados a las casas a las azoteas, retrepados en los escalones sus espadas colindantes, del templo, vecinos de los pueblos, recelosos y sombríos, casi desnudos. De pronto, hendiendo a la multitud, aparece el capitán vencedor arropado entre sus capitanes; viene jinete en su castaño zaíno y domina a todas su presencia; cerca de él, un soldado porta su estandarte, en el que luce una cruz roja sobre fuegos blancos y azules con una leyenda que pocos entienden: *Amici, sequamur crucen, et si nos fiden habemus vere in hoc signo vincemus.* No ha de ser el estandarte de España, sino el suyo, de él, debido a que los organizadores de la expedición la banderizaron como empresa de la iniciativa privada, puesta a navegar con dineros reunidos para producir dineros. Cerca del capitán dueño del estandarte, rodeándole, sus capitanes y soldados. Se detienen bajo el sol, en presencia de la ceiba gigantesca, todavía sin atreverse a su sombra. De manera solemne desmonta el capitán, mientras un asistente detiene de la brida a su corcel. Junto a Cortés quedan el escribano del rey, "que se decía Diego de Godoy", el faraute Aguilar, Fray Olmedo, el clérigo Juan Díaz, la tropa con altas lanzas y rodelas, cada capitán con escudo y espada. Ahí están todos, bajo el sol tabasqueño de las diez.

Nadie lo quiso hacer, sino que sólo se hizo un silencio enorme así que el cortejo del vencedor caminó unos pasos y se detuvo al filo de la sombra sagrada de la ceiba. El capitán Cortés embrazó su rodela y lentamente, en logro de solemnidad, desenvainó la espada que destelló al sol, levantándola en todo lo alto que pudo. En esa actitud dijo con engolada voz:

—¡Os declaro vasallos de su Majestad el Emperador Carlos V, el más poderoso de la tierra!

Lo dijo y lo repitió tres veces, cada una de ellas con lentitud y viendo hacia todas partes después de cada vez, como buscando con los ojos fieros y con la espada, a quien se quisiera oponer.

Para ser entendido el dicho, el faraute Aguilar lo repitió en lengua maya por tres veces, pausadamente, en forma tal que las palabras penetraron en la comprensión de la multitud atónita y suspensa, como el áspid de la flecha en el pecho de la gente. Y sólo respondió el silencio.

Cortés aprovechó el momento de teatral expectación y avanzó resuelto, solemnemente, adentrándose en la sagrada sombra de la ceiba, él solo, para ser visto bien, paso a paso, con los ojos y la espada amenazantes; llegó donde el nudoso tronco y con guerrero ademán tocó hasta tres veces la pulpa del árbol inocente con la punta de su espada, marcándolo al hierro frío. Y del silencio espeso brotó un suspiro de muchos pechos, que bien pronto se apagó.

Así fue muerta la sombra de la ceiba en Tabasco, representativa de la tradición maya, de mano del capitán D. Hernando de Cortés, a espadadas, ante por el escribano del Rey, D. Diego de Godoy, muerte vista sin sobresalto alguno por la dignidad del bosque, la caudalosa frescura del río que siguió rezongando entre ribazos, la impasibilidad del cielo azul, la brillante mirada del sol, y el humano sobresalto de los corazones indígenas, que apenas si creían en lo que presenciaban, incrédulos, suponiendo quizá que todo aquello no sería más que apariencia, simbólico teatro político, ceremonial para encubrir un momentáneo vencimiento, tributo para ajustar las paces.

Otros dioses

Al siguiente día, sábado 18 de marzo de 1519 "que se puso en el altar la santa imagen de Nuestra Señora y la cruz, la cual todos adoramos —sigue Bernal— y dijo misa el padre Fray Bartolomé de Olmedo; y estaban todos los caciques y principales delante, y se puso nombre a aquel pueblo Santa María de la Victoria... y el mismo fraile con nuestra lengua Aguilar, predicó a las veinte indias que nos presentaron muchas cosas buenas de nuestra fe, y que no creyesen en los ídolos que de antes creían, que eran malos y no eran dioses... y luego se bautizaron y se puso por nombre doña Marina (a) aquella india y señora que allí nos dieron..."

Si Malinalli resintió ayer la suplantación de sus penates por los dioses mayas, y Malinalli Tenépal vio ahora rodar, desechar a los dioses mayas, sustituidos por la linda teciguata con el niño en brazos, y por la cruz, a la sombra de la inocente ceiba acuchillada, y oyó palabras en idioma extraño, cuya traducción, en labios de Aguilar, afirmaba que había nuevos amos, ¿cómo no quedar definitivamente aturdida en la presencia del dios recién llegado, que podía ser todo lo bondadoso que se quisiera, pero que era extranjero y para ella incomprensible de pronto?

Bautizadas, las veinte esclavas pasaron a formar parte del botín del vencedor, como fracción del precio para ajustar las paces; así, de mano en mano, como el oro, como el maíz, como las gallinas, bajo la bendición de Fray Bartolomé de Olmedo, entre zalemas de acatamiento.

"Y Cortés las repartió a cada capitán la suya, esta doña Marina, como era de buen parecer y entremetida y desenvuelta, dio a Alonso Hernández Puerto Carrero, que ya he dicho otra vez que era muy buen caballero, primo del Conde de Medellín...

"Enseguida, una legión de carpinteros indígenas, asesorados por españoles del oficio, se lanzaron contra el tronco de la tradición e "hicieron una cruz en un árbol grande que ahí estaba, que entre ellos llaman ceiba... a efecto de que durase mucho, que con la corteza que suele reverdecer está siempre la cruz señalada".

Así que eso fue terminado, dos de sus pilotos advirtieron a Cortés la conveniencia de embarcarse "porque estaban en riesgo los navíos por el mar del norte, que es travesía", y el capitán dio órdenes de llevar adelante la maniobra, así que hubiera sido hecha la procesión del Domingo de Ramos, se oyera misa, se exhortara a los indios, se procurara bastimento, "y después que era ya tarde nos embarcamos y otro día por la mañana nos hicimos a la vela (lunes 20) y con buen viaje navegamos y fuimos la vía de San Juan de Ulúa, y siempre muy juntos a tierra".

A la deriva

Los expedicionarios estaban así distribuidos al salir de Cuba, según Bernal: Cortés viajaba con Antón de Alaminos en la nave capitana; Pedro de Alvarado y sus hermanos, en la San Sebastián; Alonso Hernández Puerto Carrero, Cristóbal de Olid, Diego de Ordaz, Juan Velázquez de León, Juan Escalante, Francisco de Moral, Escobar "El Paje" y Ginés Nortes, cada uno en su nave respectiva, ocho de las cuales eran tan pequeñas que carecían de cubierta. Doscientos indios y algunos negros, todos traídos de Cuba, tenían a su cargo el servicio en las once embarcaciones. No debe suponerse, pues, que las veinte esclavas tuvieran a su cargo el desempeño de algún quehacer inmediato y urgente a bordo de las naves, de manera que cada una de ellas sirviera desde luego a su propio amo, sino que fueron embarcadas todas juntas en la nave capitana, poco antes de caer la noche del domingo 19 de marzo. Ancladas frente a la costa, las naves daban proa al brisote que por las tardes viene del mar, estirando la cadena del ancla, como queriendo irse a tierra. En algún lugar del puente, o en un rincón de la proa, donde no estorbaran, retrepadas en explicable incertidumbre, las recién llegadas contemplarían en ocasiones, en esa su primera noche de luna de miel con los españoles, a la difusa claridad, la línea de la arena golpeada por el oleaje, y en otras, volverían el rostro hacia el horizonte marino; hacia la costa verían su pasado, transcurrido en obscura servidumbre; en lo incierto del mar, su porvenir sin predicción posible.

Marina no conocía la libertad; ni en náhuatl ni en maya, la enseñaron a entender esa palabra; de ahí que no pudiera añorar su significado. Ni de niña, bajo la férula familiar, ni de adolescente, obligada a seguir el cauce de la esclavitud, supo de la utilización del propio albedrío ni del criterio propio. Había sido nacida y educada sólo para obedecer ciegamente. Sus padres la habían entregado al extranjero, después de una batalla, para ajustar las paces; sus amos tabasqueños la habían entregado a otro extranjero, después de otra batalla, también para ajustar las paces. Parecía que todos quedaban en paz, a su costa.

Arracimadas sobre cubierta, las veinte esclavas habrán hecho un pobre montón de triste humanidad sin esperanza, con el susto en los ojos y en los labios. Golpeado el casco de la nave por las olas, nadie pudo haber sentido el acelerado ritmo de sus corazones sobre la húmeda tarima; con el silbar del viento en el cordaje, desflecando las velas amarradas, con los crujidos de la arboladura, ¿quién hubiera podido distinguir un suspiro? O acaso las esclavas, las que súbitamente sufren el arrancamiento del hogar, no suspiran, ni se duelen, sino sólo sonríen...

Puestos los ojos en el horizonte marino, quizá temieran la posibilidad de que los nuevos amos las condujeran quién sabe si no al Norte, puede ser que al Oriente regresando en fuga hacia extranjera playa de la que nunca más pudieran retornar. Y habrán vuelto la mirada, con silenciosa angustia, hacia la costa nativa, de la que habían sido arrojadas a manos de extraños vencedores, ya musitando adiós para el supuesto de que no regresaran, ya para decirse que contra la tierra propia no puede haber anhelo de revancha, afán de desquite, sino sólo deseos, obscuros deseos de retornar quién sabe a qué. Y las más de ellas habrán dejado correr libremente sus lágrimas, queriendo lavar las culpas de quien las arrojaba de lo suyo, de lo que amaban, sin otra razón que la de, las costumbres tiránicas.

¡Esa primera noche de Marina, a bordo de la nave capitana!, ¿quién podría describirla? Bajo la ceniza lunar, ¿en qué pensó?, ¿cómo reaccionó frente a las circunstancias? ¿Qué era ella, si no esclava de la que su amo podía disponer sin solicitar su consentimiento? ¿Se derrumbaría en sus ojos el dique del llanto, hasta la última gota para dejar seco el manantial? O apretujada entre la tropa de veinte esclavas para defenderse del brisote, ¿habrá dormido a ratos el angustiado sueño del que no sabe a dónde va, y va, sin embargo, porque es fuerza ir, mientras la nave daba de bandazos en la noche, detenida por la cadena del ancla, y crujían maderamen y cordaje al juguetón y cantarino beso del viento?

"Y otro día por la mañana nos hicimos a la vela" dice Bernal, confesando que ni ellos, los españoles, ¡los descubridores!, sabían hacia dónde; iban empujados por el viento que cantaba en las velas, resbalando en la mar, pero ni siquiera sabían qué cosa era Culúa ni qué cosa, era México...

Nunca antes había Marina viajado sobre el agua profunda; acaso en canoas y piraguas, sobre el río, en la desembocadura, alguna vez; pero en un barco así, grande como una casa, apartándose de la tierra tal ahora, jamás. El mar, camino plural, con su incitación constante a lo desconocido, y el ajetreo de la tripulación levando anclas, soltando amarras, alzando velas que pronto se hincharon con el terral, permitió al navío inclinarse con el peso del viento, para tomar carrera. ¿Hacia dónde la llevarían?

Ella, la india, navegando en una casa grande, viendo la costa desde el mar, sin personalidad alguna, sin esperanza; ella, al igual que todas sus compañeras de esclavitud a bordo, no sólo perdió el sentido de la orientación geográfica, sino extraviada en el fondo de sí misma, era una esclava únicamente a la deriva del destino.

Marina la Lengua

"... fue gran principio para nuestra conquista, y así se nos hacían todas las cosas, loado sea Dios, muy prósperamente. He querido declarar, esto porque sin ir doña Marina no podíamos entender la lengua de la Nueva España y México. Donde lo dejaré y volveré a decir cómo nos desembarcamos en San Juan de Ulúa".

Surgieron en San Juan de Ulúa, después de cuatro días de marinería al filo de la costa, durante los cuales entrevieron, empujados por el viento, sierras de nevado cresterío, vertientes preciosas, bosques vírgenes, praderas de ensueño, ríos caudalosos entregándose a la mar, justo al tiempo de iniciarse la primavera, el jueves Santo de la Cena de 1519. Y apenas habían tenido tiempo de anclar las once naves al abrigo del norte, y de izar sus estandartes en los palos de la capitana, cuando, "obra de media hora que habíamos surgido —dice textualmente Bernal— vinieron dos canoas muy grandes" y en ellas, muchos indios mexicanos que pusieron proa hacia la embarcación de Cortés, porque era la que lucía al aire los pabellones y, tras la venia de admisión solicitada y concedida con ademanes, treparon la escala y entraron a bordo preguntando en su idioma por el capitán.

Los españoles se miraron el rostro, unos a otros, sin alcanzar el significado de lo que se les decía; el faraute Aguilar, sólo poseedor del maya, permaneció confuso, sin penetrar en lo que se le hablaba. Y de pronto, del racimo de las veinte esclavas, una se adelantó con resolución, extendió el brazo para señalar con el índice a Cortés, y dijo:

—Ese es el que buscáis...

Un gesto, un ademán, una voz que respondió a la interrogación de los indígenas. Eso fue todo.

Hasta minutos antes, había sido una de tantas destinadas sólo a la piedra de moler el maíz, al trajín del servicio, tal vez al placer del amo; pero cuando los embajadores de Motecuhzoma vieron hacia la dirección que apuntaba el índice y, siguiéndola, al oír la voz, dieron con la figura de Cortés, y se inclinaron hasta tocar la cubierta de la nave con la mano para incorporarse en seguida y llevársela a la altura de la boca, en la reverencia del saludo, dirigiéndose a ella luego como puente único para llegar al diálogo que pretendían, ella, por sí misma, sin que nadie la designara, se convirtió en Marina la Lengua. Así que interpretó ante el diácono Aguilar el mensaje de los embajadores, y Aguilar lo llevó al conocimiento de Cortés, se estableció el vínculo, la esclava cobró personalidad, readoptó su forma humana. Si a orillas del Grijalva había nacido como detalle del conjunto, en aquel momento surgió para la historia, a la luz plena del sol, sobre la cubierta de la nave capitana, y así permanece, apuntando con el índice a su amo, cuando se le pregunta con quién se la asocia para formar el símbolo fundador de una raza.

Yallizchan, Tepuztecatl, Tizahua, Huehuetecatl y Hueycanezcatecatl, embajadores del Señor de los Hombres, habían ido a ofrecer homenaje, pleitesía y tributo al supuesto Quetzalcóatl que regresaba. Ella fue la primera en comprenderlo, mientras Cortés, sentado en una especie de trono para la ocasión improvisado en el alcázar de popa, tras recorrer con los ojos al grupo de los recién llegados, la miraba con atención mientras ella vertía palabras al intérprete Aguilar, o las recogía de él para entregárselas a los meshicas.

No fue Cortés quien persuadió de su poder a Marina, sino los embajadores de lenguaje prosternado, de dadivoso servilismo. Cuando ella, educada en la esclavitud, vio los regios obsequios enviados por el Señor de los Hombres, de quien tal vez había oído hablar muy remotamente, y las zalemas de los portadores, volvió a preguntarse si de veras los españoles serían dioses.

Según Bernal... "los indios hicieron mucho acato a Cortés a su usanza, y le dijeron que fuese bien venido, y que un criado del gran Montezuma, su señor, les enviaba a saber qué hombres éramos y qué buscábamos, y que si algo hubiésemos menester para nosotros y los navíos, que se los dijésemos, que traerán recaudo para ello. Y Cortés respondió con las dos lenguas, Aguilar y doña Marina, que se lo tenía en merced y luego les mandó dar de comer, de beber vino, y unas cuentas azules; y desde que hubieron bebido, les dijo que veníamos para verlos y contratar, y que no se les ría enojo ninguno, y que hubiesen por buena nuestra llegada (a) aquella tierra. Y los mensajeros se volvieron muy contentos..."

Los embajadores

Vueltos a Tenochtitlan los embajadores, el emperador ordenó que se reuniera el tlatocan o consejo, del que formaban parte los reyes de Texcoco y de Tlacopan, así como los tlamatinime, sabios que entendían de las tintas rojas y negra —esto es, de los libros sagrados, de los códices—, para escuchar el informe.

El segundo de los relatos indígenas a Fray Bernardino de Sahagún, dice:

"El principal de aquellos embajadores comenzó a hablar... y dijo de esta manera: "Señor nuestro: como hubimos llegado yo y estos señores que aquí estamos, a la orilla del mar, vimos dentro en la mar unas casas grandísimas de madera todas, con grandes edificios dentro y fuera, las cuales andan por la mar como las canoas que acá nosotros usamos para andar por el agua: nos dijeron que estas casas se llamaban navíos: son unos edificios admirables y muy grandes hechos para andar por la mar, que nadie de nosotros tendrá habilidad para contar en particular los diversos edificios que contienen estos navíos, o casas de agua. Procuramos luego de llegar con las canoas que llevamos, al principal navío o casa de agua, donde vimos el estandarte que traían. Como hubimos llegado cerca, vimos más de veinte navíos y en cada uno de ellos venía mucha gente, y todos nos estaban mirando hasta que entramos en el navío principal. Entrados que fuimos, procuramos de ver al señor Quetzalcóatl, que buscamos para darle el presente que llevábamos. Allá dentro del navío en una pieza nos mostraron un señor sentado en su trono, del cual nos dijeron... —Ese es el que buscáis— y luego nos postramos delante dél adorándolo como a dios, y le dijimos lo que nos mandaste, y le compusimos con las joyas que nos diste. Se dieron a entender que era poco aquello que llevábamos. Aquél día nos trataron bien, y nos dieron de comer y beber de lo que ellos comen y beben, que es preciosa comida y bebida. Aquella noche dormimos en el navío, y a la mañana nos comenzaron a hablar en que querían ver nuestras fuerzas y manera de pelear, y que peleásemos con ellos de uno a uno o de dos a dos. Nos excusamos de este negocio, y sobre él nos echaron hierros y soltaron tiros de artillería, que nos espantaron mucho, y nos hicieron caer como muertos. Después que volvimos en nosotros y nos dieron de comer, vimos sus armas y sus caballos y sus perros, y sería cosa prolija de contar cada cosa de por sí, de las que vimos. Dicen que viene acá a conquistarnos y a robarnos, acá se verá todo: grandemente venimos espantados".

El desembarco

La expedición desembarcó en playas de Chalchiulicueyecan, un Viernes Santo. En los más altos médanos emplazó desde luego sus diez piezas de bronce y cuatro falconcetes, que el artillero en jefe hizo bruñir hasta dejarlos resplandecientes, mientras los soldados llevaban de la brida a los caballos a ramonear en la vecina selva y servidumbre de los barcos ponía en tierra la impedimenta. Se improvisó el campamento con ayuda de maceguales que al efecto habían dejado los embajadores de Motecuhzoma; ramadas, chozas, que sirvieron para defender a Cortés y a sus capitanes del ardor del día, de la humedad nocturna, de la cuchilla de los vientos. Desde lejos, amparándose en los árboles de su Arcadia feliz, de su paraíso, espiaban los nativos de las inmediaciones, los totonacos, que no se atrevían a acercarse al real por temor a sus amos, los hombres del imperio.

En tres ocasiones acudieron donde Cortés los enviados de Motecuhzoma. Al último se presentaron en el real, Cuitlalpitoc y Tehutlille, éste, señor de Cuetlaxtlan con gran compañía de señores y numerosos macehuales; trajeron órdenes de disuadir a Cortés de hacer viaje a Tenochtitlan, de servirle en cuanto pudiera desear para él, su tropa, sus barcos, e inclusive de alimentarle como si se tratara de un dios, con sangre humana, para lo cual condujeron esclavos en suficiente número, listos al sacrificio, así como de entregarle presentes a cuya vista se removería la codicia de Europa.

Bernal, que asistió a la entrega de los obsequios imperiales, los describió así, de su anciana pobreza, en Guatemala, casi medio siglo después:

"... mandó sacar el presente que traían, y encima de unas esteras que llaman petates, y tendidas otras mantas de algodón de ellas, y lo primero que dio fue una rueda de hechura de sol de oro muy fino, que sería tamaña como una rueda de carreta, con muchas maneras, de pinturas, gran obra de mirar, que valía, a lo que después dijeron, que la habían pesado, sobre diez mil pesos, y otra mayor rueda de plata, figurada la luna, y con muchos resplandores y otras figuras en ella, y ésta era de gran peso, que valía mucho: y trajo el casco lleno de oro en granos chicos, como le sacan de las minas, que valía tres mil pesos. Aquel oro del casco tuvimos en más por saber cierto que había buenas minas, que si trajeran veinte mil pesos. Más trajo veinte ánades de oro, muy prima (primorosa) labor y muy al natural, y unos como perros de los que entre ellos tienen, y muchas piezas de oro de tigres y leones y monos; y diez collares hechos de una hechura muy prima, y otros pinjantes; y doce flechas y un arco con su cuerda, y dos varas como de justicia, de largos de cinco palmos; y todo esto que he dicho de oro muy fino y de obra vaciadizo. Y luego mandó traer penachos de oro y de ricas plumas verdes y otros de plata, y aventadores de lo mismo; pues venados de oro, sacados de vaciadizo, y fueron tantas cosas que como ha ya tantos años que pasó no me acuerdo de todo. Y luego mandó traer allí sobre treinta cargas de ropa, tan prima y de muchos géneros de labores, y de pluma de muchos colores, que por ser tantas no quiero en ello meter más la pluma porque no lo sabré escribir. Y después que lo hubo dado dijo aquel gran cacique Quintalbor, y el Tendile, a Cortés, que reciba aquello con la gran voluntad que su señor se la envía, y que la reparta con los hombres y *teules* que consigo trae..."

Nadie escribirá con justicia acerca de estas cosas que hieren el sentido de lo admirable, si aquí no se detiene a rendir homenaje al cronista Bernal Díaz del Castillo, el más leal y honrado en todos los tiempos, cuya señera prosa perdurará por todos los siglos de los siglos amén.

En el párrafo trascrito no sólo hizo inventario somero de las joyas que Cortés recibió de Motecuhzoma, mismas que al español servirían luego para comprar la voluntad de Carlos V y obtener sus favores imperiales al sesgo de maniobras velazquistas, sino arqueo de su propia memoria, confesión plena de la fragilidad de su retentiva, categórica afirmación de no acordarse de todo, bajo el peso del tiempo transcurrido.

Bernal fue soldado sin latines; habrá sonreído, tal vez, o quedado confuso, quizá, al tropezar con los ojos la leyenda inscrita en el estandarte de Cortés; su vida fue una sucesión de campañas; tomó parte de las tres expediciones a nuestras costas, y antes, y después, de otras; recibió quién sabe cuántas heridas, de las que refiere algunas pero de ninguna se queja, ni siquiera de las que le produce la pobreza en que va muriendo mientras redacta, cumplidos los 84 años, su crónica inmortal, manantial de historia, fuente del periodismo en América, y de la pureza del idioma. El es, y no D. Hernando, dígase lo que se diga, el representativo del genio español —acción y pensamiento— en la hazaña de América. Como Cortés manejó la espada; la pluma, insuperablemente: no necesitó un apunte para escribir campañas alucinantes; pero, sobre todo, manejó mucho mejor su corazón; ni fue sanguinario, ni abusó de la victoria. Ni siquiera aspiró a ser capitán; se conformó con ser soldado...

De todo el gran conjunto —Cortés, Pizarro, Almagro, Soto, Alvarado— él, Bernal, es el castellano, vale decir, el estoico, el seco, insobornable, leal hasta morir, el Quijote, paradigma de hombres que lo dejaron todo por buscar aventuras, que vivieron en llamarada permanente sin quemarse en ella sólo por obra de la suerte, y que a fin de cuentas nos heredaron el poquitín de luz que ahora sirve para hilvanar la historia, pues la gran mayoría de los conquistadores fueron iletrados, sólo animales de rapiña y destrucción.

"Cortés —sigue el cronista— les tornó a dar las gracias con buen semblante por ello, y con muchos halagos y ofrecimientos dio a cada gobernador dos camisas de Holanda, y diamantes azules, y otras cosillas... Y envió Cortés con aquellos mensajeros a Montezuma de la pobreza que traíamos, que era una copa de vidrio de Florencia, labrada y dorada con muchas arboledas y monterías que estaban en la copa, y tres camisas de Holanda, y otras cosas, y les encomendó la respuesta...", que fue la de que siempre sí viajaría a Tenochtitlan con los suyos, para saludarle.

El intercambio comercial

Cuitlalpitoc, a quien Bernal recordó con el pintoresco nombre de Pitalpitoque, quedó en el campamento, al cargo de vigilar que la servidumbre enviada por Motecuhzoma abasteciera en todo ¡a los conquistadores!... Así fue como nació en América el intercambio comercial con Europa.

La llegada de los españoles a Chalchiuhcueyecan no provocó reflejos únicamente en el seno de la corte mexicatl, sino también imágenes de esperanza entre sus víctimas, que al acecho de ocasión para librarse del yugo.

El ápice de lo que se llama imperio no estaba constituido propiamente por lo representativo de una nacionalidad, sino formado por una asociación de tres señoríos de

Tenochtitlan, ciudad isla entre lagos, conectada con calzadas a tierra firme; el de Texcoco y el deTlacopan situados todos a la orilla del agua, razón por la cual su conjunto se llamaba el Anáhuac, esto es, junto al agua. Estos tres señoríos confederados realizaban campañas militares de conquista, con las que sujetaban ciudades que constituían pequeños señoríos, obligándolos a tributo. Así, por yuxtaposición de vencidos, ensancharon el ámbito de su poderío, cuya constancia en la subordinación sólo era posible mediante el rigor de la esclavitud. Carecía, pues, de lo esencial de una nación: la solidaridad entre sus componentes.

Así puede comprenderse por qué los nativos de la costa en que desembarcaron los españoles, miraron a éstos con profundo interés, que creció en la medida de la riqueza de los presentes enviados por Motecuhzoma, de importancia inusitada, ya que nunca antes se había visto que el señor de los hombres rindiera parias. Esto fue lo más elocuente para ellos, al grado de permitirles a formación de imágenes favorables a sus deseos de evitar la continuidad del trato injusto. De ahí que merodearan, primero, en torno del campamento de Cortés, al husmo de noticias, sin atreverse a tomar contacto con él, por temor a las consecuencias.

Marina la Lengua formaba parte de los expedicionarios desde ya. Estaba incorporada en cuerpo y alma a sus nuevos amos, a quienes en todo se debía porque a ellos había sido obsequiada, entregada; tenía que ser leal a ellos, a sus amos, de acuerdo con la formación de esclava que le habían dado. La imagen que de sus amos españoles tenía, no podía ser otra que la de sus señores absolutos, cuyos designios fueron para ella indescifrables; en el primer momento. Si los aventureros ignoraban hacia dónde iban, cuando salieron de Centla; si ellos no sabían qué cosa era Colua ni dónde estaba México, ella, esclava arracimada con esclavas, ¿qué podía saber?

La ruptura

Transcurrido un tiempo, durante el cual Cuitlalpitoc abasteció abundantemente de todo cuanto el campamento español necesitó para alimentarse —gallinas, pescado, tortillas—, los meshicas fueron aflojando el servicio. "Teníamos gran falta de mantenimiento", dice el cronista al cual hemos venido siguiendo: "... ya el cazabe amargaba de mohoso y podrido, y sucio de fátulas, y los indios que solían traer oro y gallinas a rescatar, ya no venían tantos como al principio, y esos que acudían muy recatados y medrosos y estábamos aguardando los mensajeros que fueron a México por horas. Y estando de esta manera vuelve Tendile con muchos indios, y después de haber hecho el acato que suelen entre ellos, de sahumar a Cortés y a todos nosotros, dio diez cargas de mantas de pluma muy finas y ricas y cuatro *chalchihuis*, que son unas piedras verdes de gran valor, y tenidas entre ellos más que nosotros las esmeraldas, y es color verde; y ciertas piezas de oro que dijeron que valía el oro, sin los *chalchihuis*, tres mil pesos.

"Y entonces vinieron al Tendile y Pitalpitoque... y se apartaron con Cortés y doña Marina y Aguilar, y le dijeron que su señor Montezuma recibió el presente, y que se holgó con él, y que en cuanto a las vistas, que no le hablen más sobre ello, y que aquellas ricas piedras de *chalchihuis* que las envía para el gran emperador, y porque son tan ricas que vale cada una de ellas una gran carga de oro. Y Cortés les dio las gracias con ofrecimientos y ciertamente que le pesó que tan claramente le decían que no podríamos ver a Montezuma, y dijo a ciertos soldados que allí nos hallamos: "Verdaderamente debe ser gran señor y rico y, si Dios quisiere, algún día le hemos de ir a ver". Y respondimos los soldados: "Ya querríamos estar envueltos con él".

La transparencia de este diálogo entre españoles deja ver que Cortés no tenía por entonces el ánimo del conquistador, y que algunos de sus soldados sólo tenían el de la aventura, mientras en otros se formulaba el deseo de regresar a Cuba con la canasta de lo conseguido. Con todo, Cortés aprovechó el instante: montó el espectáculo del Ave María, seguido de un sermón improvisado: "y digamos que en aquella sazón era hora del Ave María, y en el real tañamos una campaña, y todos nos arrodillamos delante de una cruz que teníamos puesta en un médano de arena y delante de aquella cruz decíamos la oración del Ave María. Y como Tendile y Pitalpitoque nos vieron así arrodillados, como eran muy entendidos, preguntaron que a qué fin nos humillábamos delante de aquel palo hecho de aquella manera, y como Cortés lo oyó (al través de Marina) le dijo al fraile: 'Bien es ahora, padre, que hay buena materia para ello, que les demos a entender con nuestras lenguas las cosas tocantes a nuestra fe'. Y entonces se les hizo un tan buen razonamiento para en tal tiempo que unos teólogos no lo dijeran mejor…"

Tenemos a Marina dejando pasar por su garganta el agua de las palabras de la fe cristiana, que le llovía dentro del pecho, quizá calmando su sed, tal vez dándola otra, o sólo resbalando en las sequedades del páramo sin dioses, pero, de cualquier modo, creando en ella una imagen nueva, capaz de suscitar en su pensamiento una esperanza por de pronto incierta.

Despedidos los embajadores, un día desapareció hasta el último de los meshicas que abastecían al campamento. En el real se comenzó a sentir y se acentuó el hambre. Los soldados trocaban oro por alimentos que traían los hombres de la mar, españoles que echaban el anzuelo a los peces mientras sus compañeros lo hacían a los hombres de la tierra, que cada vez eran menos. Los velazquistas se impacientaban. Si ya no había rescate, ¿qué hacer allí?

La total ausencia de mexicatls rodeó de silencio a los del campamento, dándoles la impresión de encontrarse en un medio hostil, de haberse puesto en conflicto con los señores de la tierra. Montaban guardia constantemente. "Y un día —dice Bernal—, estando yo y otro soldado puestos por espías en unos arenales, vimos venir por la playa cinco indios, y por no hacer alboroto por poca cosa en el real los dejamos llegar a nosotros, y con alegres rostros nos hicieron reverencias a su usanza, y por señas nos dijeron que los llevásemos al real. Yo dije a mi compañero que se quedase en el puesto, y yo iría con ellos, que en aquella sazón no me pesaban los pies como ahora que soy viejo. Y desde que llegaron a donde Cortés estaba, le hicieron gran acato y le dijeron: '*Lope, luzio; lope, luzio*', que quiere decir en lengua totonaque: 'Señor y gran señor'. Y traían unos grandes agujeros en los bezos de abajo, y en ellos unas rodajas pintadillas de azul, y otros con unas hojas de oro delgadas y en las orejas muy grandes agujeros, en ellas puestas otras rodajas con oro y piedras, y muy diferente traje y habla que traían que la de los mexicanos que solían estar con nosotros. Y como doña Marina y Aguilar, lenguas, aquello de *luze*, no lo entendían, dijo la doña Marina en la lengua de México que si había, allí entre ellos nahuatlatos, que son intérpretes de la lengua mexicana, y respondieron los dos de aquellos cinco que sí, y dijeron que fuésemos bien venidos, y que su señor les enviaba a saber quién éramos y qué se holgara servir a hombres tan esforzados, porque parece ser ya sabían lo de Tabasco y lo de Potonchán, y más dijeron: Que ya hubieran venido a vernos si no por temor de los de Culua, que solían estar allí con nosotros..."

En el fuero interno de muchos expedicionarios, roía la gana de regresar a Cuba, suspirando por hogares, granjerías, encomiendas, tranquilidad, en suma: el pretexto era dar cuenta a Diego Velázquez del oro rescatado "pues era cantidad", y "de los grandes presentes de Montezuma, que eran el sol de oro y la luna de plata y el casco de oro menudo de minas y de todas las joyas y ropa". A esa gana de muchos, añádanse molestias que todos sufrían por el acoso constante de mosquitos y jejenes en aquellos arenales, a más de la falta de alimentos.

La conspiración

Era necesario hacer algo para distraer a los descontentos, y se hizo, cambiando el real a Quiauiztlan, donde los navíos contaban con mejor abrigo, que todavía eran considerados como preciosos, cuidados celosamente porque aún no era encontrado un punto de apoyo en la tierra y precisaba que permanecieran abiertos los caminos del mar. Para ver de resolver el problema del hambre inmediata, Alvarado hizo una entrada llevando a cien velazquistas, con exclusivo fin depredatorio de sementeras y corrales, dejando a Cortés rodeado de los suyos, a la cabeza de ellos el capitán Hernández Puerto Carrero, amo de Marina la Lengua.

En esto llegó de Cuba el navío de Fracisco Salcedo, con 60 soldados, 10 caballos, y la noticia, para Cortés desagradable, del nombramiento de Velázquez como Adelantado. Esto hizo que en muchos velazquistas creciera el deseo del retorno, hasta convertirlo en conspiración.

Pero Cortés no podía regresar. En Cuba había órdenes de aprehensión en su contra, que Velázquez mandó ejecutar por conducto de Pedro Barba, que en La Habana eludió Cortés; éste ni siquiera había enviado un informe a Velázquez, transcurridos seis meses de haberle dicho adiós. De ponerle mano encima el gobernador de Cuba, le despojaría del oro rescatado, le cargaría de cadenas. Para

Cortés, entonces, cualquier camino era bueno, menos el del regreso... Y crecía entre los expedicionarios la gana de volver, generalizándose. Los conjurados escogieron uno de los barcos y fijaron fecha para levar anclas.

Uno de tantos días, quizá Cortés echó hacia la playa su mirada perdida y vio formarse en ella un remolino; era una espiral en movimiento que comenzó jugando entre los médanos, y creció, corriendo en las arenas, pasando por el humo del vivac en que la tropa calentaba sus tortillas, avivando el fuego, levantando el humo y las basuras, girándolas en vértigo hasta dispersarlos sobre el panorama, hipnotizándole. Si así fue, se habrá visto, sentido a sí mismo dentro de la mecánica del choque de las corrientes de los vientos, tomado por el movimiento ascensional del aire, zarandeado en la altura por lo imprevisto, pero arriba, liviano, libre, de ninguna manera encadenado, con una sensación de ingravidez.

Lo cierto fue que llamó a sus amigos, a quienes no tenían asideros económicos ni emocionales en Cuba, uno a uno, y al oído les dijo que le nombraran justicia Mayor y Capitán General, para impedir la deserción, el retorno de los velazquistas, y no sólo, sino que también tomaría altura hasta encontrar destino para todos...

"Ya he dicho que en el real andaban los parientes y amigos de Diego Velázquez perturbando que no pasásemos adelante, y que desde allí de San Juan de Ulúa, nos volviésemos a la isla de Cuba..., y una noche, a más de media noche —sigue contando Bernal— vinieron a mi choza Alonso Hernández Puerto Carrero y Juan de Escalante y Francisco de Lugo, que éramos algo deudo yo y Lugo y de una tierra —ambos nacidos en Medina del Campo— y me dijeron:

—Ah, señor Bernal Díaz del Castillo, salid acá con vuestras armas a rondar, acompañaremos, a Cortés que anda rondando... —Y después que estuve apartado de la choza continuaron: tened secreto de un poco que os queremos decir, que pesa mucho y no lo entiendan los compañeros que están en vuestro rancho que son de la parte de Diego de Velázquez... eran muchos más que nosotros... ¿Paréceos, señor, bien que Hernando Cortés así nos haya traído engañados a todos, y dio pregones en Cuba que venía a poblar, y ahora hemos sabido que no trae poder para ello, sino para rescatar, y quieren que nos volvamos a Santiago de Cuba con todo el oro que se ha habido, y quedaremos todos perdidos, y tomarse ha el oro Diego Velázquez, como la otra vez? Mirad, señor, que habéis venido ya tres veces con esta postrera, gastando vuestros haberes y habéis quedado empeñado, aventurando tantas veces la vida con tantas heridas; lo hacemos, señor, saber, porque no pase esto más adelante, y estamos muchos caballeros que sabemos que son amigos de vuestra merced, para que esta tierra se pueble en nombre de su Majestad, y Hernando Cortés en su real nombre, y en teniendo que tengamos posibilidad, hacerlo saber en Castilla a nuestro Rey y señor, y tenga, señor, cuidado de dar el voto para que todos le elijamos por capitán, de unánime voluntad...

"Yo respondí que la idea de Cuba no era buen acuerdo, y que sería bien que la tierra se poblase y que eligiésemos a Cortés por general y justicia mayor, hasta que Su Majestad otra cosa mandase…"

Bien pronto se enteraron los velazquistas, que eran en mayor número, "y con palabras algo sobradas dijeron a Cortés que para qué andaban con mañas para sin ir a dar cuenta a quien, porque Diego Velázquez no se lo tendría a bien, y que luego nos fuésemos a embarcar, y que no curase de más rodeos y andar en secretos con los soldados, pues no tenía bastimentos, ni gente, ni posibilidad para que pudiese poblar...

"Y Cortés resolvió sin mostrar enojo y dijo que le placía, que no iría contra las instrucciones y memorias que traía de Diego Velázquez, y mandó luego pregonar que para otro día todos nos embarcásemos, cada uno en el navío que había venido".

Imaginemos ahora a Marina la Lengua, entendiendo a medias el español —como por entonces lo entendía sacudida por el pregón de la partida, en la creencia de que sus amos embarcarían hacia el regreso. A buen seguro que ella ignoraba el fondo de la intriga, que ella carecía de información que la sirviera para hacer a un lado la incertidumbre, dominar su confusión. Sacudida por la noticia, sólo podía seguir sirviendo a ciegas, como las esclavas que saben serlo, con el alma en la sonrisa.

Vale la pena detenernos en la designación del primer ayuntamiento de la Villa Rica de la Vera Cruz, primero en tierra firme de América.

La preocupación primordial de Cortés, al darse cuenta de que era posible la aventura, fue la de anular los compromisos con el gobernador Velázquez al través de las capitulaciones firmadas ante Alonso Escalante, escribano público y real, en Santiago de Cuba, a 23 de octubre de 1518, que limitaban su acción y ponían todas las ganancias posibles en manos de Velázquez.

Para crear el Ayuntamiento, dio fisonomía democrática a su pequeño ejército; convirtió en pueblo a sus capitanes, soldados, servidumbre; previamente designó al alcalde, su favorito Puerto Carrero, a efecto de que la ficción de pueblo eligiera a quien él ya había designado y, cometida esta formalidad, él, Cortés, pudiera fundar, el repudio a sus compromisos con Velázquez y proseguir su fuga hacia lo desconocido.

A continuación, erigió el patíbulo; ya era capitán y justicia mayor.

En esos pañales nació la democracia en México.

Rebelión contra el imperio

En todas las relaciones figura el cacique gordo de Cempoala dando a Cortés las llaves de la situación verdadera del imperio mexicatl frente a sus tributarios. Entre lágrimas y suspiros, pormenorizó el cempoalteca el tributo económico que era exigido al Totonacapan, integrado por más de treinta pueblos, a más del de sangre: hijos e hijas destinados ya a la piedra de los sacrificios, ya para el surco en las sementeras, o el servicio en las residencias del vencedor, a más de que los recaudadores de tributo, por cuenta propia, "les tomaban sus mujeres e hijas, si eran hermosas y las forzaban".

Las quejas del Totonacapan expresadas por el cacique gordo, caían en Marina la Lengua como la resina del ocote en las brasas del turibulario, para alzarse en pequeña llama olorosa; hablaban de un dolor semejante al suyo. Ella era víctima de la esclavitud, identificándose con quienes la sufrían al su igual. Cuando trasladaba a Cortés los suspiros y las lágrimas de los quejosos, los convertía en suyos, sin la debilidad de mostrar en sus ojos secos, negros, brillantes, sino resolviéndolos en su voz, con trémolos de convicción. ¡Creía que Cortés necesitaba ser convencido!, y reforzaba con propia emoción las suspirantes quejas del Totonacapan. Fue por entonces que llegaron al real de Cortés los tezcucanos, con quejas parecidas.

Quienes han escrito la historia de los vencedores, no tomaron en cuenta lo necesario en los esfuerzos que hicieron los vencidos para persuadir a Cortés de la necesidad de terminar con los abusos del imperio. Han hecho creer que sólo fue la habilidad del español la que creó un estado de conspiración favorable a sus fines particulares, cuando lo cierto es que preexistía, que era del todo necesario a los aborígenes luchar para corregir abusos del poder mexicatl, con la circunstancia de que las víctimas se sentían impotentes para hacerlo por sí mismas, y de ahí que buscaran alianza con el recién llegado. Fueron las víctimas quienes buscaron alianza con el victimario. ¡De entonces a hoy, cómo ha crecido y se ha ahondado el silencio indígena! Es que ahora sí sabe, sí conoce, el dolor que causa confiar la queja. Pero entonces, no. El del indígena era un mundo párvulo que vivía de la magia, en tanto que ahora sólo del desengaño y del dolor.

Estaban en eso, en la confianza de sus quejas, cuando llegaron al poblado "cinco mexicanos, que eran los recaudadores de Montezuma y desde que lo oyeron (los totonacas) se les perdió el color y temblaban de miedo, y dejan solo a Cortés y los salen a recibir..."

Según Bernal, los recaudadores exigieron "veinte indios e indias", se supone que como cuota extra porque el cronista dice "les demandaban ahora, para sacrificar a su dios Huichilobos porque les dé victoria contra nosotros". Parece, pues, que el adverbio de tiempo, ahora, implica que antes no era así; que en ese momento fue cuantificado un tributo eventual, debido a la circunstancia de haber sido alojados los españoles en el pueblo...

Por la lengua de Marina supieron los totonacas que Cortés había venido a castigar malhechores, a no consentir sacrificios humanos ni robos, y recibieron el consejo de aprehender a los recaudadores. Y porque los totonacas sintieron la necesidad de librarse del infame tributo, sellaron pacto de rebelión contra el imperio de Motecuhzoma, liga con los españoles, subordinación a Cortés para el fin de acabar con la esclavitud que sufrían, de encontrar su libertad. Para eso apresaron los totonacas a los recaudadores del tributo.

Obtenida esta liga, hacía falta que los aliados indígenas tuvieran fe en ella. Cortés hizo una entrada al pueblo que Bernal llama Cingapacinga (en realidad, Tizapancingo), a invitación del cacique gordo de Cempoala. Al entrar en el pueblo, los cempoaltecas iniciaron un saqueo que fue denunciado a Cortés por los nativos del lugar, y de modo inmediato el saqueo fue detenido, obligados los cempoaltecas a devolver lo robado, y amonestados seriamente por conducto de Marina la Lengua:

—Venimos a desagraviar y quitar tiranías. ¡Devolved las mantas y las gallinas, los hombres y las mujeres que habéis secuestrado!

Arrepentidos, los cempoaltecas saqueadores devolvieron todo lo que habían robado en el seno de Cingapacinga, y salieron a dormir al campo, castigados, con lo cual creció entre los aborígenes la esperanza de la justicia y de la libertad, prosiguiéndose la marcha de regreso a Cempoala, por otro camino, al siguiente día.

Y sucedió que durante un descanso de la marcha, cuenta Bernal, un fulano de Mora, natural de ciudad Rodrigo, tomó dos gallinas de una casa de indios de aquel pueblo, y Cortés, que lo acertó a ver, hubo tanto enojo de lo que delante de él se hizo por aquel soldado en los pueblos de paz, en tomar las gallinas, que luego "le mandó echar una soga a la garganta, y le tenía ahorcado, si Pedro de Alvarado que se halló junto a Cortés, que le cortó la soga con la espada, y medio muerto quedó el pobre soldado..."

Con lo que Cortés pregonó de nuevo a través de Doña Marina:

—Somos aliados, venimos a desagraviar y a quitar tiranías...

Leyendo con atención la *Historia Verdadera*, se encuentran los altos quilates de la honradez bernaliana; lucen muy bien cuando él dice en su capítulo LII, como recriminando: "... y volvamos a Cortés, que les hizo un muy buen razonamiento con nuestras lenguas doña Marina y Jerónimo de Aguilar, y les dijo que ahora les tendríamos como a hermanos, y que les favorecería en todo lo que pudiese contra Montezuma y sus mexicanos..."

La alianza

Ante tales ejemplos y promesas, no sólo la confianza cundió, sino que penetró la persuasión en la esperanza del indígena. Llegaron al convencimiento de la buena fe del blanco; cobraron ánimo, aliento, vigor para obrar. Y resolvieron sellar la alianza política y militar con los vínculos de la sangre. En esa actitud psicológica ofrecieron a Cortés ocho mujeres, una de ellas, fea, sobrina del señor de Cempoala, destinada precisamente a don Hernando por que nada parecía más justo que emparentar los jefes con jefes, a efecto de que en él seno familiar quedara la jefatura; "otra muy hermosa para ser india", que Cortés "dio a Alonso Hernández Puerto Carrero", y las otras seis las repartió entre sus soldados, una vez bautizadas y que los aborígenes consintieron, mediante la amenaza de abandonarlos a su suerte frente a la ira de Motecuhzoma, que fueran derribados sus ídolos.

Ya, tenemos, pues, hecha la liga militar, política y de sangre, entre indígenas y españoles. Para éstos, evidentemente nada significaba el pacto en la región de la lealtad; no lo hicieron para cumplirlo sino como ardid guerrero; en cambio, los nativos, de pelear con los blancos, por sus ídolos, hubieran quedado, entre dos fuegos. Ya estaban amarrados al carro de su presunto libertador.

Ese fue el primer gran momento de lo que posteriormente sería llamada guerra de conquista. A partir de ese instante, cientos de hombres de carga transportaron la impedimenta de sus aliados: mochilas, armas, cañones, parque; los nahoatlatos guiaron a los expedicionarios, abriéndoles paso en la espesura del idioma, al través de los caminos de la tierra; bandadas de indígenas cazadores procuraron carne de los bosques; pueblos enteros dieron sus cosechas, mientras las fogatas encendidas y renovadas de cumbre en cumbre dispersaban el humo de la rebeldía en la rosa de los vientos.

Con ese pacto militar, político, de sangre, los pueblos largamente arrodillados se habían puesto de pie y marchaban al par que sus aliados y sus caballos, ululando venganza contra el imperio del mexicatl que los había mantenido en oprobiosa esclavitud. No les importó morir a millaradas, a centenares de millar, como sabemos. ¡Se habían puesto de pie y marchaban hacia lo que creían su liberación! Ellos dieron la masa del choque en los combates, la pasión enardecida, el odio a la tiranía, su deseo de libertad, su ilusión y su esperanza, ¡eso que mueve al mundo!, eso que hizo caer a Tenochtitlan.

Parece no sólo conveniente, sino del todo necesario, situar la tesis aquí sostenida pero no inventada sino, recogida del run run histórico, en cuanto a que no hubo guerra de conquista, sino rebelión de aborígenes contra la brutalidad del imperio mexicatl, aprovechada, a posteriori por los aventureros convertidos en conquistadores, tesis que hasta hoy es examinada y comprobada a plena luz de los hechos históricos. Para hacerlo, precisa hacer notar que esa tesis no niega la conquista, mucho menos sus consecuencias, sino que únicamente niega la existencia de una guerra de conquista. Esto parece sutileza dialéctica, pero no lo es, conforme se comprobará enseguida.

Téngase presente que en todos los tiempos, desde los más remotos hasta hoy, existieron y existen diversas formas de llevar adelante las conquistas: desde la infiltración aparentemente pacífica propuesta por el comercio y el turismo inocentes, hasta el abierto y declarado choque bélico, pasando por las mentidas alianzas y otros medios que conducen a cualquiera de las finalidades de la conquista o a toda ella: dominio territorial, sojuzgamiento económico, social, político, de la población, o simplemente succión íntegra de la economía regional. Las conquistas, pues, constituyen una finalidad, en tanto que la guerra es uno de los procedimientos de que se puede valer el conquistador para llegar a ella.

Ya con eso presente, mírense los acontecimientos que comenzaron en playas del Golfo de México, en 1519, y terminaron su primer gran capítulo en Tenochtitlan, el 13 de agosto de 1521. Con sólo un recorrido sobre ellos, podrá afirmarse que lo que entonces triunfó fue una rebelión de aborígenes contra el imperio que los sojuzgaba, rebelión ingenuamente puesta en las manos de un aventurero genial, si se quiere, pero rebelión de aborígenes al fin, aprovechada a posteriori para llegar a las finalidades de la conquista que rindió frutos al imperio español durante trescientos años.

La tesis, pues, que parece sutileza dialéctica a juicio de quienes sólo miran la conquista y sus consecuencias, debe ser valorizada históricamente en toda su importancia, por los razonamientos que siguen:

Las naciones existen o no. Para existir, necesitan de una personalidad, esto es, de una independencia. La independencia es el ser de las naciones. Si no, tienen independencia, no existen. Y la independencia sólo puede conservarse mediante la unidad del espíritu, de la conciencia nacional. Se puede hasta perder íntegramente el territorio de la nación como los judíos el de la suya durante 2,000 años, con tal de no perder el espíritu de la nacionalidad. De ahí que elementalmente los pueblos se unifiquen para existir como naciones. Esta unidad se ve fortalecida cuando lucha contra enemigos exteriores, que abiertamente amenazan su independencia, su ser. La guerra de conquista, pues, unifica a los pueblos en contra de sus agresores.

En cambio, cuando facciones de un mismo pueblo pelean entre sí por dirimir asuntos propios, ese pueblo sufre escisión que puede ser profunda, tanto como intereses o cuestiones en juego, pero que fatalmente es transitoria, circunstancial, porque la riña no amenaza el ser nacional, sino el modo de ser.

Pero en la guerra de la rebeldía de los aborígenes contra el imperio mexicatl, en que los rebeldes triunfaron bajo el mando de Cortés, capitán que con promesa ilusiva había forjado el sueño de hacer cesar la tiranía, los alzados contra Motecuhzoma vieron su triunfo convertido en humo, se comprendieron mentidos al sentir la nueva esclavitud, tan brutal, y a largos ratos más odiosa que la anterior. Psicológicamente, de necesidad, fue traumatizado todo el mundo indígena que había luchado por su libertad. Los matices de ese trauma convirtieron en imposible la reunificación de los vencidos, en definitiva se perdió en ellos la noción, la posibilidad del ser nacional, que en todo caso les ha permitido intentar revancha, promover desquite. Se les atajó el camino, se les echó al barranco, se les dispersó, sumiéndoles en la oscuridad del infortunio eterno, sepultándoles en vida para siempre.

Y con lo anterior se habrá visto que no es sutileza dialéctica ésta de esclarecer que en México no hubo guerra de conquista, sino rebelión de tributarios contra los procedimientos de un imperio brutal, capitalizada por el aventurerismo español del siglo XVI.

Sin retorno

Mientras Cortés volvía de Cempoala a su real con la certeza de haber encontrado punto de apoyo a la aventura, calculaba cómo desvanecer el peligro de encontrase solo en ella: muchos de sus compañeros tenían intereses en Cuba y deseaban regresar; otros creían que repartiendo el oro rescatado, saldrían de pobres; los más, velazquistas, querían volver al amor de su jefe. Pero él, Cortés, tenía cegado el camino del retorno: sabía que en Cuba había órdenes de aprehensión en su contra, que Velázquez había mandado ejecutar y que él, Cortés, había rehuido en la Habana, además de que tenía por qué sentirse culpable: no había enviado un informe, ni siquiera un saludo, a su amigo y socio en la expedición aventurera.

Era, pues, un capitán sin retaguardia; para él no había retirada posible: Cuba, La Española, España misma no eran, por de pronto, puertos para él, sino recuerdos espinosos. Momentáneamente, no tenía lugar en el mundo conocido, a ningún sitio podía regresar... Por la cuantía del tesoro rescatado, a donde regresara, se lo quitarían. Únicamente podía fugarse hacia adelante, hacia lo desconocido, hacia la quimera, contra la puerta del espejo, apoyándose en sí mismo, igual que el remolino, en tanto que alguien de su absoluta confianza y en su nombre procuraría llegar a los pies de su sacra majestad, dispensadora de todo, para ver de comprar su voluntad omnipotente, despertando su codicia inmensa. Para eso el tesoro obsequiado por Motecuhzoma, que nadie en Europa podía imaginar.

Llegó al real, se encerró en su choza; con centinelas en su puerta para evitar que le interrumpieran, escribió la primera carta-relación, mientras afuera la conspiración del regreso era tramada por los velazquistas. Así que terminó su escrito al Rey, llamó a su paisano Hernández Puerto Carrero, le hizo notar la necesidad de que viajara a España y evidentemente compró su voluntad; en seguida hizo lo propio con Francisco de Montejo, y habiendo convenido con ellos, ordenó preparar la mejor de las naves, mientras por conducto de sus demás capitanes hacía firmar a los soldados otra relación a Su Majestad, sólo para permitirles creer que hacían méritos cediendo cada quien al rey su porción alícuota del tesoro. Esto es: compró el favor de Su Majestad con el dinero de sus camaradas.

De pronto, así, de pronto, Marina la Lengua vio barrenadas las naves para inundarlas y echarlas al través, e irse a su amo Alonso Hernández Puerto Carrero, a cuya voluntad había quedado adscrita desde el sábado 18 de marzo hasta el 26 de julio de 1519 años, fecha esta que Bernal afirma en su Capítulo LIV, aunque después la cambia por la del 6 de julio, en el capítulo LVI.

No es posible dejar marchar a Puerto Carrero así como así; con él se pierde un hilo de la historia, ya de sí deshilada.

Primer adiós

Cortés iluminó a este capitán con la eterna luz de doña Marina, al adscribirle la mejor entre las veinte esclavas que Centla entregó; en prenda de confianza, hizo que le designaran primer alcalde de la Villa Rica de la Vera Cruz; en seguida, le entregó a la más bonita de las ocho mujeres cempoaltecas que el cacique gordo destinó a parentela política con sus aliados, justamente en vísperas del viaje de procuración a España, para el real le confió sus poderes ante el Rey y el tesoro portentoso que habría de mover la codicia del César en términos favorables a Cortés.

De su cortejo de capitanes tan improvisados como él, Cortés señaló a Puerto Carrero como a su favorito. Este favor vino del paisanaje, primero: ambos eran oriundos de la misma ciudad extremeña; después, al hecho de que Puerto Carrero era primo del Conde de Medellín, posiblemente con alguna influencia en la corte; por último, a la afinidad de caracteres, que tanto vale en el medro de la política, y a una cierta afinidad en la inclinación sexual. De todo esto, elocuente todo, lo último es más: quiere decir que Cortés dio lo mejor a quien más estimaba; esto es: se lo dio un poco a sí mismo. Aparentó no ver lo que daba, y bien que veía. Bernal, gran socarrón, lo miró bien claro; de ahí que hubiera dicho todo de jalón; "... y después que fue a Castilla Puerto Carrero estuvo la doña Marina con Cortés y hubo en ella un hijo..."

Más adelante trataremos de saber lo que quiso decir Bernal cuando empleó el adverbio de tiempo y lugar. Por lo pronto, miremos partir al primer amo de Marina la Lengua.

"Antes de más meter la mano en estas cosas", diremos de una vez lo que sucedió al caballero don Alonso Hernández Puerto Carrero en Valladolid, donde residía la corte, a raíz de su llegada: que el Presidente del Real Consejo de indias, don Juan Rodríguez de Fonseca, obispo de Burgos, parcial de Velázquez, le mandó echar preso, acusándole del secuestro de una mujer de Medellín, a la que se había llevado a las Indias, tres años había; le libertaron hasta que su Majestad alcanzó a saber que "le había sido enviado un tan gran presente que otro como él no se había visto de muchos tiempos pasados en nuestra España". Entonces le libertó, mas a resultas de la prisión murió Puerto Carrero. La misma suerte habría corrido Cortés, de haber retornado...

Los conspiradores del regreso a Cuba habían acordado subrepticiamente embarcarse, pero uno de ellos, arrepentido, los denunció. Todos, hasta los más curtidos, sintieron el calor del fuego terrible de la ira de la justicia mayor y capitán general. Aquí está el relato en la pluma del soldado cronista, "... y por sentencia que dio, mandó ahorcar a Pedro Escudero y a Juan Cermeño, y cortar los pies al piloto Gonzalo de Umbría, y azotar a los marineros Peñates, a cada (uno) doscientos azotes, y al padre Juan

Díaz si no fuera de misa también le castigaran, mas le metió harto temor. Me acuerdo que cuando Cortés firmó aquella sentencia dijo con grandes suspiros y sentimientos: Oh, quién no supiera escribir, por no firmar muertes de hombres".

Aquí tenemos a Marina la Lengua en presencia de la horca y de los ajusticiados por los temores del capitán señor su amo. Hasta ayer, Marina había visto en los españoles que ahora pendían del patíbulo, levemente mecidos por la brisa del mar, copias, duplicadas del amo, obedientes al mínimo deseo de éste; eran de su misma raza y tropa y religión, y ahí estaban, con sus cuellos torcidos amoratados rostros de barbas hirsutas, colgados de una cuerda, para siempre muertos, por el delito de querer regresar a su haciendas; y allí estaba el piloto de uno de los barcos, el experto en los rumbos de la navegación, entendido en la rosa de los vientos, con los pies trozados, para siempre impedido de andar; y allí los últimos, con los desollados lomos sangrantes por los doscientos azotes sufridos cada uno; y allí el de la misa, ,el que poseía secretos de Dios, humillado "conforme a las leyes de lo militar".

Aquí tenemos a Marina la Lengua frente a los ajusticiados, contrastando a la vida con la muerte, pensando en lo que puede ser una esclava que ya escuchó la palabra libertad, que apenas va entendiendo lo que es .la gana de ser libre y tropieza con la eterna ley que se alza para impedir el paso: las órdenes del amo. Aquí la tenemos; mirémosla, despaciosamente; no sintamos el temor de los que la regalaron en Centla después de mal sepultar a los más de sus ochocientos caídos en batalla...

Marina la Lengua.

Marina la de Cortés

Se diría que la raíz psíquica del conquistador español tiene alguna semejanza con la de don Juan. Desde luego, una y otra no son brotes espontáneos de la naturaleza, sino de circunstancias sociales que despiertan el instinto agresivo del hombre y lo guían hacia la venganza: en cada pueblo yugulado, el conquistador consigue una revancha, lo mismo que en cada mujer burlada cobra don Juan un desquite.

Si viéramos a España desde el XI hasta principios del XIV, nos serviría para presenciar el advenimiento del tipo social en cuestión, cuyos antecedentes están escondidos en los ocho siglos de dominación árabe, y más profundamente aún, en tiempos de dominaciones anteriores. Esta prolongada sujeción explicaría al hombre inconforme con su realidad, necesitado de afirmación, en busca de coyuntura para encontrarla: su madre tierra estaba prisionera, aherrojada, y él con ella; Alalí prevalecía sobre Jesucristo; necesitaba liberarla para ser libre él mismo y lograr el predominio de su Dios. Lucha, derrota al enemigo, supone haber triunfado.

Cuando cree haber liberado a su madre tierra y encontrado su propia libertad, advierte que ambos están en poder del absolutismo, marido brutal, padre inmisericorde, de quien el hijo duda, haciendo jurar al rey hasta por tres veces que no es Caín, por lo cual es expulsado del hogar. El hijo no quiere salir; forzado a obedecer, se va con una manera peculiar de irse: agrandando la casa. Así reivindica su tierra al mismo tiempo que él se justifica.

Hernán Cortés

Así, la libido de Cortés ofrece reminiscencias de la del personaje de Zorilla: corresponde a la del que afanosamente busca su afirmación y no perdona medio alguno para ver de encontrarla. Desde luego, resulta tempranera su proclividad a Venus; así lo afirma su sed de aventuras, así lo dice su crueldad.

Su barba ocultaba una cicatriz y claudicaba un algo al andar; a su afición a fémina debía cicatriz y cojera. Cuando jovenzuelo, en su Medellín nativo, salió en busca de mujer, y gateando sobre tapia mal construida la hizo caer con su peso, por lo que él rodó entre escombros y se perniquebró; al ruido del porrazo salió un marido y pensó, al parecer con toda razón, que por su bella había ocurrido, por lo que con un garrote convirtió en caja de resonancia las costillas del caído. Cuenta don Carlos Pereyra en su Hernán Cortés, que "a la suegra del marido debió la vida" el conquistador en agraz, pero la paliza fue de tal modo grave que, añadidas unas cuartanas quizá consecuentes al susto, hicieron a Cortés perder el barco del capitán Nicolás de Ovando, en cuya armada tenía pasaje, la que partió sin él hacia La Española. Tenía por entonces 18 años. Antes ya había andado "a la flor del berro", como dice Gómara.

Hacia 1504, a los 19 de edad, viajó al fin en la nave de Alonso Quintero; hizo breve estancia en el primer escalón colombino, durante la cual dio que decir: "Oí —dice Díaz del Castillo— que en la Isla Española fue algo travieso sobre mujeres, e que se acuchillaba... con hombres esforzados y diestros y siempre salió con victoria..." Siguió a Cuba, donde asistió a la conquista emprendida en 1511. No satisfecho de su conducta, el gobernador Velázquez "le hizo prender y le quiso ahorcar", según Herrera. Ahí rodó su proclividad en forma tal, que cobró gusto por las nativas y se complicó en amoríos con doña Catalina Xuárez Marcayda, cuñada en cierto modo del gobernador Velázquez, lo que estuvo a punto de costarle ser devuelto a La Española, cargado de grillos.

"Eran las Xuárez bonicas —dice Gómara en su Conquista— por lo cual y por haber allí pocas españolas, las festejaban muchos, y Cortés a la Catalina; y en fin se casó con ella aunque primero tuvo sobre ello algunas pendencias y estuvo preso; casi no la quería él por su mujer y ella le demandaba la palabra. Diego Velázquez la favorecía por amor de su otra hermana, que tenía ruín fama..."

Antes de partir hacia México, tuvo un hijo en Cuba. De allí partió sin su esposa, por algo más de lo que aconsejó el romance del Conde Dirlos:

"caballero que va en armas
de mujer no debe curar".

Si Cortés nació en 1485, como afirma Gómara, estaba en flor de la edad máscula cuando recibió el primer obsequio de veinte esclavas, en 1519, y llevaba más de un mes de navegación, alimentados piel y pulmones por el yodo y la sal del mar del trópico, estimulado el brío animal por el sabor de la aventura, enardecido el instinto por el riesgo del combate, razón ésta que se da como válida para explicar por qué el amor es el descanso del, guerrero.

A lo que es posible entender entre silencios, omisiones, y dichos a medias del cronista Bernal, parece que formando parte del elenco femenino de la expedición cortesiana, figuró una Leonor Pizarro, india de Cuba, de la que en Coyoacán, o antes quizá, logró Cortés una de sus hijas naturales, a las que legitimó el Papa Clemente VII, en 1528. Podría creerse que a esa india de Cuba se refiere Bernal en el capítulo XLII, como personaje del incidente al que uno de los expedicionarios, de apellido Villarroel, debió la pérdida del cargo de alférez que tenía en las huestes. En su alusión al incidente, parece que Bernal guiña el ojo, atribuyendo a celos de Cortés la destitución del alférez; así dice: "no sé qué enojo había hecho a Cortés, sobre una india de Cuba, y se le quitó el cargo".

Amos y esclavas

Cuando los de Centra entregaron las veinte esclavas como parte de tributo para ajustar las paces, dieron servidumbre al vencedor; a buen seguro que cada una de ellas llevó consigo su equipo de servicio, metlatl y meclapil, y aportó experiencias en labores de cocina, de lavar la ropa, etcétera, pero nada de esto borraba sus características femeninas. Así lo expresa Bernal cuando vierte calificativos; así habrán visto los expedicionarios todos, cada quien a cada una, como hombres en primer término, después, como amos. "De buen parecer, entremetida y desenvuelta", "la más hermosa", "la más fea", dicho en la lengua y media del soldado, equivale a piropo castrense que viene a significar apetecible, atractiva, bonita, insinuante, capaz de ser hospitalaria, expresado esto con el poético sentido de don Antonio Machado. Mas la hospitalidad de una esclava se obtiene, no con halagos de madrigal ni arrumacos románticos, sino con imperio de macho potente, poniéndola en tierra, como leñador al árbol que luego desrama, hincándose en ella.

Por de pronto él no se detuvo en contemplar formas femeninas, admirar ojos, labios, andares, advertir la desenvoltura, lo que se llama el atractivo natural de las esclavas obsequiadas. Quería parecer un capitán, un ser superior frente a la tropa, y lo pareció, repartiendo lo que recibía con la transparente intención de quien finge desinterés, del que quiere que sus subordinados vean en él a jefe sin regateos, liberal en cuanto al interesantísimo aspecto de distribuir el botín. Así, en el primer episodio, a Puerto Carrero dio doña Marina, "no para su guarda" como anota el señor Chavero, y a los demás cada uno la suya. El presunto capitán general, quedó sin cocinera y sin mujer, sea porque ya la tuviera en la india de Cuba que tal vez quedara en la nave capitana, al cuidado del camarote del castillo de popa, porque, si de comer se trataba, podía comer en cualquier parte o quedarse sin comer.

Los cempoaltecas, buscando perfeccionar su liga militar con los blancos mediante la alianza de la sangre, hicieron obsequio de ocho mujeres, todas hijas de caciques. Sobre esto no existe la menor sombra de confusión. Clara y terminantemente lo hace constar Bernal: "Y dijeron a Cortés (el cacique gordo con otros principales) que pues éramos ya sus amigos, que nos quieren tener por hermanos, que será bien que tomásemos de sus hijas y parientes para hacer generación".

"Y dieron a Cortés una de aquellas cacicas y era sobrina del mismo cacique gordo; y otra dieron a Alonso Hernández Puerto Carrero, y era hija de otro cacique que se decía Cuesco; y traínlas vestidas a todas ocho con ricas camisas de la tierra y bien ataviadas a su usanza, y en las orejas zarcillos de oro, y venían acompañadas de otras indias para servirse de ellas".

Conviene examinar esto muy cuidadosamente. Cempoala no regaló esclavas para ajustar paces, como Centla, sino vistió a sus hijas para sus bodas con los extranjeros: iban con sus ricos trajes, sus alhajas de oro, su cortejo de servidoras. Cortés puso condiciones: derrumbar los ídolos, bautizar a las muchachas, condiciones con las que un mucho a regañadientes convinieron al fin los nativos. Esto es: Cortés aceptó la alianza de sangre; implícitamente tomó por mujer a la sobrina del cacique gordo, abiertamente dio a su favorito "la más hermosa para ser india", y repartió las otras seis entre soldados; es decir, celebró esponsales con los aliados.

Desde el ángulo propio del enjuiciamiento histórico, la entrega en matrimonio de mujeres aborígenes significa la espontánea presencia del vientre americano, de la matriz nativa, en el propósito claramente enunciado de hacer generación, de reproducir la semilla "de hombres tan valientes y temidos".

Es la tierra virgen, que se ofrece a la simiente de un árbol nuevo en América, que ahora se dice de la libertad porque América se siente capaz de hacerlo florecer, de hacerlo producir fruto y sombra que su madre tierra originalmente esperó de él. Esa iniciativa de los aborígenes, de mezclar su sangre con la de quien le ofreció alianza para combatir la tiranía y terminar con ella, es valedero símbolo del primigenio ensueño nativo en favor de la idea de ser libres, expresión categórica de la razón motriz de las luchas de México.

La alianza de sangre fue promovida por el concepto mágico que de la vida tenía el indígena: por imitación extralógica quiso emparentar con los recién llegados, a quienes Motecuhzoma, el opresor, tributaba como a dioses, y éstos le aceptaron por pariente a costa de los penates indígenas, para saciar una sed de oro y poderío. No fue Júpiter disfrazándose de cisne para engañar a Leda. Fueron los hombres quienes entregaron sus hijas en busca de la simbiosis de los dioses y los hombres, de una generación de vencedores.

Pero los recién llegados consideraron la oferta como el hallazgo de una ingenuidad aprovechable, un tropiezo con el candor de la Eva paradisíaca. Sonrieron interiormente con la malicia de don Juan, y, para acallar escrúpulos, condicionaron su aceptación a la finalidad de los cruzados: echar a rodar los dioses enemigos; después aceptarían a las mujeres, sin recordar que la tierra influye sobre las cosechas, sin saber que los hijos están atados a sus madres por el inasible cordón psicológico que une a los sueños con los sueños.

De esta madeja debe tomarse el hilo que anudó a Marina con su amo. Del afán cempoalteca, que brotó entre lloros y suspiros pero que luego se manifestó dispuesto a todo, inclusive a cambiar de dioses, surgió lo que habría de convertirse en guía conductora del sordo anhelo de ser libre, propio de los esclavos, de los tiranizados, de los que no sospechan siquiera dónde está ni en qué consiste la libertad, pero que van hacia ella, ciegamente, como el agua que se escurre entre las espinas y las piedras y se lanza inclusive contra el fuego, con tal de regresar a su nivel o evaporarse.

La queja del cacique gordo suscitó en Marina las motivaciones necesarias, en la medida que le traducía a Cortés, entre suspiros y lloros del cempoalteca, y el interés que el español ponía no sólo en escuchar sino en prometer. Las quejas del uno, las promesas del otro, dieron a la esclava los reflejos de la ilusión de ser libre, como si la hubieran hecho concebir una esperanza. Así fue el triángulo: Cortés vio en el cacique, representativo de más de treinta pueblos, un punto de apoyó para levantarse como la espiral del remolino; el gordo cempoalteco vio en Cortés un instrumento utilizable como ariete para golpear y derrumbar a quien le aprisionaba, y la esclava, en la reunión de ambos hombres, en el juego de los propósitos encontrados, una luz, una esperanza tan incierta como su propia vida.

Así, cuando Marina actuó como intérprete en la escena promovida por el cempoalteca al entregar a sus paisanas para que hicieran generación los recién llegados, y vio que éstos aceptaban la alianza de sangre al través de condiciones referidas al derrumbamiento de sus penates, y que los penates eran derribados y aprovechadas las mujeres, comprendió realizada la unión vivificante de su incierta luz, de la insegura esperanza de su libertad. La alianza, el matrimonio de las aborígenes con los extranjeros, comprometía a éstos, en primer lugar, a quedar en tierra, a no partir desde luego en sus barcos para llevárselas quién sabe dónde, y, en segundo, a luchar por cuestiones del interés de todos. Ni en aquel instante crucial, pues, ni antes de que Puerto Carrero fuera enviado como procurador a España, ni después, pudo existir entre ella y Cortés eso que quieren los noveladores de la historia, un romance, porque no había ámbito para que se expresara, ni clima humano, razón para existir, entendiéndolo como pasión recíproca y correspondida.

Con todo, es cierto que ella tuvo un hijo de Cortés, concebido cuando lo exigieron las condiciones políticas y militares del azaroso acontecer, pero sin que el extremeño sintiera por Marina, ni remotamente, eso inefable que se llama amor. A ese "después" se refirió Bernal.

Es una esclava obsequiada por el vencido a su vencedor, con otras muchas. Ella no tuvo culpa de lo que aconteció dentro de las costumbres de su tiempo y de su raza.

Ya en poder de un señor cuyo idioma, por de pronto, ni siquiera comprendió, a bordo de la aventura más extraordinaria que nunca jamás imaginar podía, alcanzó a escuchar la frase de los enviados de Motecuhzoma que inquirían por el jefe de la expedición, y se los señaló con el índice, diciendo una frase:

—Ese es el que buscáis...

La frase no fue dirigida a Cortés, sino a los enviados de Motecuhzoma. Fue en ayuda de éstos que ella la dijo, respondiendo a lo que preguntaron. Ni más ni menos. Pero al hacerlo, se identificó; quedó claro que podía servir de puente de entendimiento, de intérprete, entre quienes todavía no desembarcaban y ya eran agasajados, y el señor de la tierra. Ni Cortés necesitó ser muy listo para entender que quien le obsequiaba lo hacía por algo digno de ser investigado, ni ella era traidora a nadie ni nada.

Adoptada ya como Lengua, Marina se afirmó en la condición de esclava que los suyos la habían deparado, lo mismo al escuchar a los embajadores que al ver las joyas con que el señor de los hombres obsequiaba a su amo; al comprender la brutalidad de éste, mirando los españoles ahorcados, mutilados, azotados, le habrá temido terriblemente, y todo ello, sumado a sus antecedentes, la convirtieron en la esclava perfecta. No se necesita más para llegar al fondo de su identidad psicológica. De pronto, la perfecta esclava escuchó de los labios de los cempoaltecas el llanto de la libertad, y de los de su amo, el de la promesa de luchar por ella, y se incorporó al esfuerzo por propio interés.

Conviene a la historia de México encontrar sus verdaderas motivaciones. Esa conveniencia nos mueve a destruir las leyendas desorientadoras que, con o sin deliberación, vuelven confusos los datos necesarios para la comprensión del mexicano.

En *Los Antiguos Mexicanos a Través de sus Crónicas y Cantares*, don Miguel León Portilla, refiere que Tlacaélel, genio del surgimiento del imperio azteca, decidió consolidarlo mediante la quema de los antiguos códices y libros de pinturas de los pueblos vencidos. Muy acertadamente hace notar el autor que Tlacaélel concibió la historia como un instrumento de dominación. Del mismo modo procedieron en todos los tiempos, todos los dominadores. Hacer imposible la comprensión de su historia a los vencidos, es la mejor manera de vencerlos para siempre. Cambiar las motivaciones de la lucha de siempre es dar un matiz de ayuda a los propósitos del conquistador.

La leyenda del romance de Cortés y doña Marina, prohijada y difundida por los noveleros de la historia, ha logrado el tortuoso fin de hacernos olvidar las causas reales de las luchas del México de siempre. Esa leyenda ha sido sólo una desviación propuesta al romanticismo peculiar del pueblo para extraviarlo en la búsqueda de su propio yo; ha sido y es un recurso desorientador; ha tendido y tiende a continuar los fines de la quema de libros a que recurren los conquistadores para intentar desaparecer los antecedentes de los conquistados, ya que la historia es un arma de los dominadores para penetrar en la conciencia de los pueblos vencidos y afirmar y extender su dominio.

Sólo aceptando sin reservas lo anterior puede entenderse la ingratitud, primero, y la deslealtad, después, de don Hernando hacia doña Marina. Sólo confesando que no hubo romance, que jamás la quiso, puede entenderse que ni una sola vez la mencionara con su nombre en sus cartas de relación; sólo así puede explicarse que posteriormente la hubiera repudiado, obligándola a casar con Xaramillo, para interponer entre ambos la barrera de un tercero, tras arrancarla del seno amamantador al hijo logrado.

Y aceptando esto, debe buscarse, hasta encontrar, lo que motivó realmente la resuelta actitud y el combativo ánimo de Malintzin durante la rebeldía de los tributarios.

Veamos ahora lo más de cerca posible, la verdadera, la íntima.

La identidad de Cortés

Buena parte de la verdadera personalidad de don Hernando, está reflejada en el codicilo que dictó ante el escribano público, Melchor Portes, en Sevilla, el 12 de octubre de 1547, de acuerdo con lo que afirma don Carlos Pereyra en la página 417 de su "Hernán Cortés", aunque Mr. G.R. G. Conway, sostiene que el día 11 del propio año, hizo su testamento en trance de muerte, cuando creía hablar en la presencia de su Dios. Había nacido en la pobreza y dejó una fortuna en tierras el señor Marqués de Oaxaca, de la que únicamente nos ocuparemos para decir que la arrebató a los pueblos, pues lo que interesa es mostrar tan descarnadamente como él mismo lo permite, su actividad generadora: tuvo once hijos reconocidos en su testamento, habidos con seis mujeres, así: legítimos de su matrimonio con doña Juana de Zúñiga, seis, de los cuales dos murieron antes que él: Luis, en 1530, sepultado en Texcoco y Catalina que murió en Cuernavaca, 1531. A más, "Cortés tuvo buen número de hijos ílegítimos: de Marina, Martín; Luis, de Antonia Hermosillo; Catalina, de Leonor Pizarro, la india de Cuba; Leonor, hija de Isabel Moctezuma; María, de una princesa azteca", según enumera Conway encubriendo al último producto con el anonimato de la princesa. Pero evidentemente esos no fueron todos sus hijos. Hay datos suficientes para suponerle más, muertos los unos antes que él, no reconocidos los otros. Entre los primeros, sería posible suponer uno habido de la Marcayda, en Cuba, razón de su matrimonio forzado, y allí mismo fallecido. Entre los segundos, los productos de la oferta de mujeres que le fue hecha en sus bacanales de Coyoacán.

Cortés fue acusado de monstruosidades. Por testigos que declararon durante su juicio de residencia, vino a saberse que "se llevó a su casa a la hija de Motecuhzoma y se aprovechó de ella". Tecuixpo misma, esposa de Cuauhtémoc, la emperatriz en desgracia, mientras el marido sufría tormento, o quizá después de haberle asesinado en el camino a las Hibueras. Está comprobado históricamente que Flor de Algodón, Tecuiclipotzin, viuda blanca de Cuitláhuac, primero, y después de Cuauhtémoc, fue madre de doña Leonor Cortés Moctezuma...

De manera posterior, su primera suegra le acusó de haber asesinado con propia mano a su esposa, la Marcayda. El Consejo de Indias, según Herrera, citado por Fernández del Castillo, opinó que "la relación contra Cortés era llena de pasión, y que aunque había algunos cargos feos, no venían probados". Todos estos hechos motivaron que algún poeta mexicano llamara a esta época de la conquista la de la "política del orgasmo".

Así, la identidad sentimental, la libido de Cortés, le muestra proclive a Venus, con muy estrechas afinidades a don Juan, psicológicamente incapaz del amor, por su naturaleza inclinada a la ingratitud y la deslealtad, pero muy fácil a los amoríos.

¿Dónde, pues, el romance con Marina? Es con vista a todo esto que tiene que ser desechada la novela de la historia.

El hijo de Marina

Con todo, Marina tuvo un hijo de Cortés. Para explicarlo, bastaría decir que ella fue su esclava. En el momento que el amo consideró conveniente, la tomó, dispuso de ella. Pero ese momento no tuvo lugar durante la primera fase de la campaña, sino después de la Noche Triste. No pudo haber sido antes, porque durante el primer tiempo de acomodo a las circunstancias, don Hernando guardó las formas, fue cortés. Le interesaba serlo y parecerlo, dirigido al fin de ganar la confianza de los aborígenes. Para un hombre como él, nudo de astucias y cálculos, de nada podría servir una esclava impedida o estorbada por preñez, ni durante la preparación de su entrada a tierra desconocida ni durante el andar de la expedición. Por el contrario, necesitaba de la agilidad, del interés y del temor de sus colaboradores, entre los cuales destacaba la intérprete.

Posteriormente a la Noche Triste, cuando Cortés necesitó reorganizarse, realizar esfuerzos de guerrero y de político, tales la construcción de bergantines que comenzó en Tlaxcala y terminó en Texcoco para atacar a Tenochtitlan, y la reunificación de todos los desafectos a Motecuhzoma para hacer de ellos la más formidable masa de choque que conoció América, sí tuvo razones suficientes que le llevaran a fingir a Marina el juego del amor, haciéndola creer que entre ambos podía existir un romance que cambiara el estado social de la esclava al de la mujer del jefe, y no sólo para que los aborígenes creyeran más en él, sino para que ella actuara con femenino interés. Este juego no solamente lograría que la intérprete permitiera abrigar en su seno una esperanza propia de mujer, sino que, advertido el espectáculo del amor por los nativos, daría a estos mayor confianza para su reunificación en torno de Cortés. De ahí que su hijo Martín fuera nacido en 1523, tal vez a principio de 24 no se sabe con exactitud la fecha.

Este fingimiento rodeó al capitán de gran prestigio entre las comunidades indígenas y convirtió a Marina en Malintzin. Todo el mundo desafecto a Motecuhzoma creyó verdadera la aparente jerarquía que Cortés concedió a la esclava con el juego del amor, y consideró equivocadamente que al triunfo militar de su alianza con el blanco, sucedería un equilibrio, un gobierno también de alianza, un triunfo político para los enemigos del imperio. Pero eso fue después de la Noche Triste, no antes; justamente cuando Cortés necesitó de toda la masa indígena.

Sí, Marina tuvo un hijo de Cortés, simbiosis de gavilán y de paloma, pero el extremeño no había venido para tener amores con la esclava.

La primera soldadera

Miremos a Marina la Lengua, juntando briznas secas en la madrugada de los campamentos, lo mismo en las laderas de los cerros que cerca del arroyo en las cañadas, para ponerlas bajo las rajas de ocote del vivac, dispuestas en pequeña pira; vedla provocar la primera chispa, trabajosamente; proteger el fuego inicial con el cuenco de sus manos, y soplar con sus labios agrietados por el frío, y abanicar con sus manos enramadas, hasta alzar la hoguera que todavía nos calienta, tal si la hubiera encendido y avivado dentro del corazón del hombre. Miremos arder a ella misma sin dejar de sonreír, sin gazmoñerías, andando, andando por todos los caminos, peleando y pariendo cuando fue necesario; contempladla como lo que fue solamente: la primera soldadera de esto que ahora es una patria, y no la barragana del capitán sin retaguardia.

No tenía la gárrula voz del cenzontle, armoniosa y embelesadora únicamente, sino que su propia convicción dio virtudes persuasivas al argumento que los pueblos querían oír; hablaba de rebelión contra el tirano, de unión de pueblos para luchar por la libertad; traducía quejas y promesas; pregonaba el afán de ser libre. Y el pregón de unidad para la lucha se hubiera perdido en el desierto, ido con el viento, si lanzado al oído de pueblos confederados por la amistad y no divididos por la injusticia y el odio. Pero cayó en corazones dispuestos a todo con tal de librarse de la tiranía, y de allí que los pueblos hubieran consentido en arrimarse a la sombra de un caudillo caído de lo desconocido, acaso del cielo, que a fin de cuentas los habría de engañar y esclavizar a todos.

Ella interpretó bien las quejas, las promesas, y creyó en éstas. Por eso creció el ejército de Cortés, sobre la marcha, paso a paso, de pueblo en pueblo, en el trayecto del afán de ser libre, que nació ciego y que ciegamente fue a ahogarse él mismo en el agua de Tenochtitlan, corazón del Anáhuac, con tal de ahogar a quien le oprimió durante mucho tiempo, abrazado a él.

Miremos los hechos: sólo la novela y el romance, nunca la historia, afirman que amor unió a Cortés con Malinalli Tenépal, bautizada Marina. Para justificar el hijo del capitán sin retaguardia y la esclava, Eros no echó mano del carcaj, quizá desgraciadamente. Con todo, de la unión sobrevino una fatalidad histórica, un hecho sin reversa del cual se cuelga un símbolo: el de nuestra realidad mestiza indoespañola.

Lienzo de Tlaxcala.

Malintzin

Se mira el crecimiento de Marina, se advierte el cambio de su personalidad, sobre la marcha. No nace a la imaginación con las siete cabezas de la Hidra de Lerna, a la que brotaban dos si se le cortaba una, sino como simple ser humano que evoluciona en el proceso de su afirmación, en la búsqueda de su yo. Crece y muda de piel cuando la piel le queda chica, como las serpientes.

Los españoles la habían bautizado Marina, pero los indígenas la llamaron Malintzin, esto es, la rebautizaron hicieron regresar su nombre a la radical náhuatl al que añadieron la partícula *tzin*, que indica reverencia, respeto, cariño, y no sólo porque en las lenguas aborígenes no existe el sonido de la *r*, ya que hubieran podido conformarse con su nombre liso y llano, Malin, o Malinalli, o Malinalli Tenépal, o atribuir a éste algún tratamiento que no representara el sentimiento afectivo del mundo indígena.

Cortés la tenía siempre cerca de sí; ella era su luz, guía, explicación de todo lo sorprendentemente nuevo que le rodeaba; de ahí que a él le llamaran Malintzin y Malintzin-é, pues la desinencia *e* denota tenencia o posesión, en náhuatl. De la suave prosodia original de Malintzin y Malintzin-é. derivarían las corrupciones que los convirtieron, a ella, en Malinchi, a él, en Malinche. Pero el tiempo borró a Cortés el sobrenombre corrupto y se lo atribuyó a Malintzin, porque el tiempo ha sido aliado del conquistador.

Los *tlamama*

En el México precortesiano no hubo animales de carga; no los dio la naturaleza. Pero siempre fue necesario transportar alimentos, cosechas, materiales de construcción, efectos. De esa necesidad surgió el *tlamamáni* o *tlamama*. Al verles trabajar, "son bestias", dijeron ciertos europeos, "hacen lo que los bueyes y los caballos", cuando sólo eran hombres al servicio del hombre. Si el mexicano hubiera conocido al caballo antes que a Cortés, la conquista no hubiera acontecido, o no hubiera sido entonces ni tal como fue.

Este hombre de carga acarreó sobre sus lomos, hundiéndose la frente con el mecapalli, todos los materiales de la civilización aborigen, de las ciudades y de los caminos, desde las briznas de paja hasta las maderas y las piedras. De pronto, como resultado del pacto de alianza promovido por los cempoaltecos, a las órdenes de Cortés fue puesta una legión de ellos para iniciar la marcha de la rebeldía, el 16 de agosto de 1519: doscientos cargadores se echaron a, las espaldas la impedimenta, la artillería, todo cuanto fue necesario cargar, y una vanguardia exploradora de mil trescientos totonacas al mando de los capitanes Teuch, Mamexi y Tamalle, a más de nahuatlatos y cincuenta de los principales totonacas a los que la historia escrita por el vencedor quiere hacer pasar como rehenes exigidos por Cortés, aspirando con ello a regatear a los cempoaltecos su intervención en la dirección de la campaña. Esos cincuenta señores fueron evidentemente, a la manera de un consejo que guiaba a la expedición, en sentido geográfico y político.

Sin este hombre de carga, sin la guía de los oprimidos, sin el concurso de los aborígenes, Cortés no hubiera podido realizar la expedición, primero, ni restablecer sus fuerzas después de la Noche Triste, segundo, ni construir los bergantines, ni realizar, en suma, la hazaña que lo inmortalizó.

De sus cortos efectivos, Cortés dejó en la Villa Rica de la Vera Cruz ciento cincuenta hombres al mando de Escalante. Con algo más de cuatrocientos castellanos, 1,300 totonacas y 16 caballos, se echó a caminar, con muletas de alianzas, la ruta que luego ha dado en ser llamada la de guerra de la conquista de un imperio extraordinario.

Los levantados contra el imperio no caminaron hacia un choque frontal, sino hacia el descontento contra el Anáhuac, esto es, en busca de los aliados potenciales. Evidentemente, el itinerario fue trazado por quienes conocían a fondo la situación interior del imperio.

Si observamos con atención ese itinerario, se encuentra el recorrido de Quetzalcóatt cuando fue desterrado de Tollan, a la inversa, como advirtió don Alfredo Chavero, y antes se hizo notar. Esto viene a decir que quien lo trazó sabía cómo herir la imaginación religiosa de Motecuhzoma, en primer lugar, y luego, dónde residían sus enemigos tradicionales, y dónde los amigos fieles del sacerdote desterrado que había ofrecido regresar.

Por el perentorio plazo transcurrido desde el desembarco hasta la iniciación de su marcha tierra adentro, apenas de cinco meses, puede afirmarse que no planeó Cortés, desconocedor absoluto de geografía y tradición nahuas, el recorrido de Cempuallan a Xalapan, Xicochimilco, Ixhuacan, Xocotla y Tlascallan. Al genio cempualteco del cacique gordo parece debida la inspiración, clave del triunfo de la rebeldía. Por algo fue olvidada la identificación de ese cacique gordo, ocultándole al examen. No fue solamente por su gordura, que le impidió formar parte de la expedición. Parece bien claro que fue promotor de la alianza política, militar y de sangre, con los españoles; desde luego, él era el más interesado en el buen éxito de la expedición; pobre de él si la rebelión no triunfaba. Su sagacidad de resentido y necesidad de triunfar encaminaron a Cortés. Su premio fue el anonimato, porque el triunfo de los conquistadores, por una parte, reclamaba un héroe, y éste no podía ser otro más que Cortés; y el desencanto posterior de los aborígenes, por la otra, reclamó su silencio. Pero la luz en el camino de la realización del consejo cempualteco tuvo que ser la que él dio a Cortés, confiada a Malintzin, porque en ella confluían los intereses cempualtecas y los de Cortés; ella era la lengua reiterando la promesa de libertad, merecedora por eso del respeto y de la adhesión de los indígenas. De otro modo, ¿cómo hubiera sido posible difundir la idea de libertad si Malintzin no hubiese creído en ella? La transformación de la personalidad de Marina a la de Malintzin, pues, obedeció al hecho de que creyó en la libertad. De ahí que los pueblos necesitados de libertad, la veneraran, atribuyendo a su nombre el tratamiento reverencial que su nombre merecía.

Tributos de sangre

Según don Alfredo Chavero, Motecuhzoma Ilhuicamina y Netzahualcóyotl concertaron un pacto, en 1455, "después del hambre que sufrió el Anáhuac y para calmar la ira de los dioses", con Tlaxcala. Chotollan y Huejotzinco, por el cuál se estableció la celebración periódica de una guerra, con el solo propósito de poder disponer siempre de una existencia de cautivos que sacrificar a sus divinidades; según don Miguel León Portillo, esto fue obra y pensamiento del tenochca Tlacaélel, Cihuacóatl o consejero supremo del rey Itzcóatl, a cuya iniciativa se debió el que los dioses se alimentaran con sangre humana. "Con Tlacaélel —dice textualmente— nace la visión mística guerrera del pueblo azteca". En ese misticismo guerrero, que supo aprovechar para sus propios fines el antiguo legado cultural de los toltecas, está el resorte que movió al pueblo mexicatl a realizar obras extraordinarias, entre las que no es la menor la serie de conquistas que los llevó de un océano a otro, así como hasta apartadas regiones de Chiapas y Guatemala. Las guerras floridas, pues, asolaban anualmente los hogares de Tlaxcala, Cholula y Huejotzinco, tributarios de sangre a la fuerza, obligados a proporcionar anualmente sus hombres, mujeres e hijos, destinados; los primeros, al sacrificio gladiatorio, y los segundos, a la esclavitud, institución que, como hemos visto, estaba en buena parte dirigida también hacia el sacrificio en los altares.

Por el hecho de no dejarse dominar de modo absoluto, manteniendo a toda costa su altiva independencia, Tlaxcala fue aislada, cercada permanentemente, impedida de adquirir artículos vitales. Aquí está la queja textual del historiador tlaxcalteca don Diego Muñoz Camargo, nacido hijo de español a raíz de la conquista:

"... tuviéronlos cercados más de sesenta años, necesitando de cuanto humanamente podían necesitar, pues no tenían algodón con que vestirse, ni oro ni plata con que adornarse, ni plumería verde ni de otros colores para sus galas, que es la que más estimaban para sus divisas y plumajes, ni cacao para beber ni sal para comer. De todas estas cosas carecieron y de otras, más de sesenta años que duraron en este cerco..."

A más de servir para la mesa, la sal servía por ese entonces para la industria de conservar las carnes. Los tlaxcaltecas levantaron una muralla por frontera con el imperio; esto es: estaban en permanente estado de guerra con los mexicatls. "Era una gran cerca de piedra seca, alta como estado y medio, ancha como veinte pies, y que atravesaba todo el valle de sierra a sierra, con un pretil para pelear desde encima y una sola entrada como de diez pasos, y en esta entrada doblada la una cerca sobre la otra, dejando un espacio de cuarenta pasos".

Calcúlese el esfuerzo necesario para construir esa muralla someramente descrita, y sin esfuerzo se alcanzará a comprender el tamaño del temor tlaxcalteca hacia el mexicatl, igual al del amor que a su independencia tenía. La muralla que atravesaba el valle de sierra a sierra era frontera del temor constante que engendra el odio verdadero.

Los tlaxcaltecas

Alguien, profundo conocedor de la situación interior del país, aconsejó a Cortés el itinerario de la rebelión de los oprimidos, cuyo inmediato propósito era el de obtener aliados que actuaran instigados por el dolor de las ofensas recibidas y el ciego anhelo de la revancha: evidentemente, ese alguien no podía sino marchar con la tropa cempualteca, actuar en el seno de los cincuenta señores de Cempuala que más que rehenes eran componentes de un consejo que guiaba geográfica y políticamente a la expedición, comisionados al efecto por el cacique gordo, cuyos pellejo y comunidades, el Totonacapan íntegro, se jugaban en la aventura. Esto es obvio, no reclama una detención para explicarlo. Esos cincuenta señores principales no iban presos, esposados, impedidos de andar, de explicarse. Al contrario; marchaban al frente de una tropa suya de 1,300 hombres de guerra, más 200 cargadores, y de necesidad se comunicaban, al través de Malintzin, con el capitán sin retaguardia hasta entonces.

Ahora falta ofrecer botones de muestra acerca de cómo se extremó la consigna evidentemente cempualteca de procurar la confianza de los pueblos que podían ser aliados. Hélos aquí, cortados de los capítulos LXII y LVIII de la prosa de Bernal, claro que sin confesar Bernal que la actitud pacífica de los españoles provenía del consejo indígena.

"Y con esta orden llegamos a un poblezuelo de Xalacingo; y allí nos dieron un collar de oro y unas mantas y dos indios —adviértase que no había rebatiña, sino dádiva; ayuda de aliado, no tributo de guerra; amistosa contribución en oro, en mantas de abrigo y refuerzos—; y desde aquel pueblo enviamos dos mensajeros principales de los de Cempoal a Tlaxcala, con una carta y con un chapeo vedejudo de Flandes, colorado, que se usaban entonces; y puesto que la carta bien entendimos que no la sabrían leer, sino que como viesen el papel diferente de lo suyo, conocerían que era de mensajería. Y lo que les enviamos a decir era que íbamos a su pueblo, que lo tuviesen por bien; que no les íbamos a hacer enojo, sino tenerlos por amigos; y esto fue porque en aquel poblezuelo nos certificaron que toda Tlaxcala se estaba puesta en armas contra nosotros, porque según pareció, ya tenían noticia como íbamos y llevábamos en nuestra compañía muchos amigos, así de Cempoal como de Zocotlán y de otros pueblos por donde habíamos pasado, y todos solían dar tributo a Montezuma, tuvieron por cierto que íbamos contra ellos; y como otras veces con mañas y cautelas les entraban en la tierra y se la saqueaban, pensaron que irían a hacer lo mismo ahora. Por manera que luego que llegaron los dos mensajeros nuestros con la carta y el chapeo, y comenzaron a decir su embajada, los mandaron prender, sin ser más oídos. Y estuvimos aguardando respuesta aquel día, y otro, desde que no venían, después de haber hablado

Cortés a los principales de aquel pueblo y dicho las cosas que convenían decir, acerca de nuestra santa fe, y como éramos vasallos de nuestro rey y señor que nos envió a estas partes para quitar que no sacrifiquen ni maten hombres, ni coman carne humana, ni hagan las torpedades que suelen hacer, y se les dijo otras muchas cosas que en los más pueblos donde pasábamos les solíamos decir; y después de muchos ofrecimientos que les hizo, que les ayudaría, y les demandó veinte indios principales de guerra que fuesen con nosotros, y ellos nos los dieron de buena voluntad". (Esto es: alianza, refuerzos a la tropa indígena auxiliar de los españoles).

"Y con la buena ventura, encomendándonos a Dios, partimos otro día para Tlaxcala; y yendo por nuestro camino vienen nuestros dos mensajeros que tenían presos, que parece ser que como andaban revueltos en la guerra, los indios que los tenían a cargo y guardia se descuidaron, y soltaron de las prisiones. Y vinieron tan medrosos de lo que habían visto y oído, que no lo acertaban a decir, porque según dijeron, cuando estaban presos, que les amenazaban y les decían: "ahora hemos de matar a esos que llamáis teules y comer sus carnes, y, veremos si son tan esforzados como publicáis; y también comeremos vuestras carnes, pues venís con traiciones y con embustes de aquel traidor de Montezuma".

Se justificaba la confusión de los de Tlaxcala, pues los principales cempualtecos enviados como mensajeros eran bien conocidos no sólo como tributarios de Motecuhzoma, sino como sus agentes en la diaria tarea de impedir a Tlaxcala el comercio con productos del mar y de la tierra, en lo que los cempualtecos colaboraban con los del Anáhuac Xicalango, de modo que el cerco económico impuesto por el imperio fuera efectivo y sistemático. Si los representantes o instrumentos de lo que era un estado de sitio económico impuesto por el imperialismo del

Anáhuac, se presentaron súbitamente a solicitar de sus sitiados una alianza contra el imperio agresor, por fuerza tenían que parecer sospechosos a los ojos de sus víctimas; era muy difícil creer en ellos. De ahí que los tlaxcaltecas hubieran puesto el chapeo vedijudo sobre la cabeza de su ídolo Camaxtle, y a los embajadores, a punto de sacrificio.

Cortés y un tlatoani de Tlaxcala hacen un trato. Malinche traduce. *Lienzo de Tlaxcala.*

De los cuatro señoríos, tres se inclinaban en favor de la alianza con los expedicionarios: Maxixcatzin, Tlehuexolotzin y Atlalpopocatzin, y el último, representada por Xicotencatl el viejo y ciego, influido éste por su hijo, en contra. La diferencia de pareceres luchó en las calles e hizo que momentáneamente desmayaran las defensas; no hubo guardia en la muralla cuando Cortés llegó a ella y la cruzó en paz, después de escaramuza provocada en Tecoatzinco por quince otomíes contra una avanzadilla española, en que ocurrieron dos hazañas notables: un otomí cercenó, de un solo tajo de su espada de pedernal, por el cuello, la cabeza de un caballo; otro, desjarretó de un golpe a otra montura, parece que con todo y jinete. Cinco de los quince otomíes quedaron en el campo, así que el grueso de la tropa cortesiana intervino en la acción.

Cuando Xicotencatl el mozo obtuvo, al fin, permiso de la señoría para combatir, Cortés ya estaba a seis leguas de Tlaxcala; Xicotencatl peleó y perdió sus batallas no sólo por su táctica guerrera primitiva, consistente en lanzar al choque, metódicamente, escuadrón tras escuadrón, en vez de usar su gran masa de soldados como catapulta contra un ejército menor; no únicamente por haber luchado contra ventajas de las armas de fuego y los caballos, sino de manera muy importante debido a que su tropa estaba escindida por la diferencia de pareceres: unos querían la alianza con los cempualtecos rebeldes jefaturados por al blanco; otros no. Por fin, tras los combates que Bernal refiere, se concertó la paz en Tzompantzinco.

Xicotencatl

Si se quiere encontrar un héroe indígena paradigmático en la historia de la conquista, vuélvanse los ojos al recuerdo de Axayacatzin Xicotencatl; fue el único que comprendió a tiempo, de pie sobre el cortante filo de los hechos, que los oprimidos por los del Anáhuac estaban tomados a dos fuegos: el del imperio y el del conquistador. Combatió sin fortuna contra Cortés porque la ceguera del odio colectivo de los oprimidos hacia su verdugo pudo más que él. Y cuando quiso ser obligado a combatir bajo las banderas de la triunfante rebeldía manejada por Cortés, en vísperas del ataque definitivo contra Tenochtitlan, prefirió desertar con parte de su tropa e intentar el regreso de Texcoco a Tlaxcala, por lo que fue ahorcado inmisericordemente.

No vamos a minimizar las peripecias de toda la lucha, a seguir los acontecimientos con acuciosidad, sino a buscar la transparencia de Malintzin, en el fragor de los hechos; retrocedamos algo para verla al través de los sucesos que Bernal refiere en su capítulo LXVIII, ocurridos mientras Xicotencatl se preparaba febrilmente a dar la batalla que perdió:

"Como había dos días que estábamos sin hacer cosa que de contar sea, fue acordado, y aun aconsejamos a Cortés, que un pueblo que estaba obra de una legua de nuestro real, que le habíamos enviado a llamar de paz y no venía, que fuésemos una noche y diésemos sobre él, no para hacerles mal, digo matarles; ni herirles, ni traerles presos, mas de traer comida y atemorizarles o hablarles de paz, según viésemos lo que ellos hacían, y dícese este pueblo Zumpancingo, y era cabecera de muchos pueblos chicos, y era su sujeto el pueblo donde estábamos, allí donde teníamos nuestro real, que se dice Tecoadzumpancingo, que todo alrededor estaba muy poblado. Por manera que una noche, al cuarto de la modorra, madrugamos para ir a aquel pueblo con seis de caballo, de los mejores, y con los más sanos soldados y con diez ballesteros y ocho escopeteros, y Cortés por nuestro capitán puesto que tenía calenturas o tercianas, y dejamos el mejor recaudo que podíamos en el real. Antes que amaneciese con horas comenzamos a caminar, y hacía un viento tan frío aquella mañana, que venia de la sierra nevada, que nos hacía temblar o tiritar, y bien lo sintieron los caballos que llevábamos, porque dos de ellos se atorzonaron y estaban temblando, de lo cual nos pesó, creyendo no se muriesen. Y Cortés los mandó que se volviesen al real los caballeros dueños cuyos eran, a curar de ellos; y como estaba cerca el pueblo, llegamos antes que fuese de día. Y luego que nos sintieron los naturales de él se fueron huyendo de sus casas, dando voces unos a otros que se guardasen de los teules, que les íbamos a matar; que no se aguardaban padres a hijos. Y desde que aquello vimos hicimos alto en un patio hasta que fue de día, que no se les hizo ningún daño.

"Y después de que unos papas que estaban en unos cués, y otros viejos principales vieron que estábamos allí sin hacerles enojo, ninguno, vienen a Cortés y le dicen que les perdone porque no han ido a nuestro real de paz ni a llevar de comer, cuando los enviamos a llamar, y la causa ha sido que el capitán Xicotenga, que está de allí muy cerca, se lo ha enviado a decir que no lo den, y porque de aquel pueblo y otros muchos le abastecen su real, y que tiene consigo los hombres de guerra hijos de aquel pueblo y de toda la tierra de Tlaxcala. Y Cortés les dijo con nuestras lenguas, doña Marina y Aguilar, que siempre iban con nosotros a cualquier entrada que íbamos, y aunque fuese de noche..."

Miremos a Malintzin caminando en las madrugadas, resistiendo el frío que las propias bestias eran incapaces de resistir, escudándose del viento helado y de la flecha aleves con su *ichcahuipilli,* hombro a hombro con los más fuertes veteranos soldados del siglo XVI, sin temor ni duda, de cara a su destino, pensando acaso en una libertad que no tendrá nunca, y comprendamos por qué la respetaron lo mismo indios que españoles, y cómo es merecedora del sobrenombre de soldadera de América.

El *Lienzo de Tlaxcala*

"El *Lienzo de Tlaxcala* explica D. Alfredo Chavero, es documento jeroglífico de gran importancia; representa los principales sucesos de la conquista, pintados por los mismos indios". Es un lienzo de algodón de cinco varas cinco sesmas castellanas de largo por dos varas y media de ancho —cuatro metros seiscientos noventa y cinco milímetros por dos metros ochenta y siete milímetros—; la pintura es a la aguada y ejecutada por indios sobrevivientes a la conquista, esto es, que la presenciaron. Según apunte de D. José Fernando Ramírez, el lienzo fue mandado hacer por autoridades indígenas de Tlaxcala, aunque bajo el gobierno del segundo Virrey de la Nueva España, D. Luis de Velasco, es decir, entre 1550 y 1564.

Es, pues, un auténtico documento indígena, hecho bajo la naciente dominación española. En él sobresale la muy tímida intención de traer al recuerdo de los españoles la ayuda de toda índole que recibieron de los tlaxcaltecas, tal si fueran reclamados privilegios o ventajas que lógicamente debían ser derivados de alianza habida durante la guerra para derrumbar al imperio azteca.

Inteligentemente, el historiador redujo el *Lienzo de Tlaxcala* a ochenta cuadros; formó, por lo tanto, un códice de ochenta estampas, y lo editó con una noticia sumaria de la expedición de Cortés desde su principio, aunque el códice comienza con la estampa de la llegada de los mensajeros cempoaltecas ante la presencia de los cuatro señores de Tlaxcala. De ese momento hasta el de la prisión de Cuauhtémoc, hay 48 estampas. De ellas, en 18 figura Malintzin. Las 30 restantes, relatan otras campañas.

La constante reiteración de la fisonomía malintziana, guardando tanto parecido entre sí al través de 18 interpretaciones de dibujo a línea, da la impresión de que cada estampa contiene un retrato de Malintzin hecho con trazo seguro y firme; puede afirmarse que los pintores del *Lienzo de Tlaxcala* no sólo conocieron sino que respetaron a Malintzin. Podemos verla en la lámina VII del Lienzo. Ahí se tiene en transparencia noble, limpia, la vera efigie de

Malintzin con los colores originales y aquí, en el texto, tal vez rescatado para siempre, un pálido trasunto de su psicología.

Esa lámina tiene rótulo escrito con caracteres góticos en lengua aborigen, que a la letra reza *Quitlauhtique,* lo cual significa, según explicación del señor Chavero, *Le hicieron obsequio.* Se supone que la escena ocurre en aposentos del palacio de Xicontencatl, el viejo. En ella se ve a Cortés sentado como un rey —el único sentado— en silla a la española, con la espalda guardada por la cauda de sus capitanes; a su derecha, de pie, Malintzin, con el suelto cabello negro sobre los hombros de la tilmatl o capa, la que a su vez cubre al huipilli de cenefas mayas, ahora calzando a la europea, por encontrarse en la ciudad, en vez de las sandalias campañeras propias para la marcha de campo través; enfrente de ellos, los empenachados tlaxcaltecas enumeran con los dedos los obsequios que el jeroglífico muestra: vasos, joyas de oro, pedrería de gran precio y valor, ornamentos de plumas "muchedumbre de ropa de algodón" a más de lo que no, como aves, gallinas, codornices, conejos, venados; y con la, cuales quisieron los señores tlaxcaltecas sellar su alianza de sangre, a más de la política y militar, con el español. Cortés habrá comprendido que tal número de mujeres, para un ejército en campaña de algo más de cuatrocientos hombres, eran demasiadas, y una vez más condicionó su aceptación al derrumbe de los dioses nativos. Según la crónica, tomados de la mano fueron los señores de Tlaxcala, exceptuando a Xicotencatl, por ciego y viejo, de barrio en barrio, informando al pueblo de la condición que exigía el blanco y barbudo para convertirse en aliado contra la tiranía de Motecuhzoma, pueblo que reaccionó en contra, pretendiendo defender a sus penates, pero informado de que no quedaba otro camino, al fin aceptó tirar a sus dioses con tal de combatir al tirano. Y se pactó la triple alianza: Cortés a la cabeza, Tlaxcallan y, relegados con propia intención quizá, los cempualtecos.

Cortés y Malintzin. *Lienzo de Tlaxcala.*

Abajo, a la izquierda de la escena, puede verse a las mujeres que Cortés consintió al fin en aceptar, poniéndolas a las órdenes de Malintzin. Se reitera la figura de Malintzin, al frente de ellas.

Con este gesto, Malintzin fue puesta a la cabeza, fue nombrada jefa del ejército femenino aliado de Cortés. Ella fue convertida en representante —actriz principal—, y en representativa. En la realidad, habrá manejado al pequeño ejército de esclavas, improvisándose intendente, jefa de los servicios de administración, de avituallamiento, que la acercó más al capitán general en el manejo del conjunto de hombres y circunstancias. Creció en jerarquía, sobre todo para los indígenas. De ahí nació el tratamiento respetuoso y de cariño, que sería conservado al través de la experiencia que da el dolor, porque jamás traicionó a los suyos.

Muñoz Camargo fue hijo de español nacido en Tlaxcala a raíz de la conquista "y murió hasta muy viejo"; no nació de españoles, sino de español; su madre fue indígena. Él, por consiguiente, mestizo de primera sangre. Representa mucho en el campo de la observación psicológica. Vale la pena leerle con detenimiento. Su obra, que dejó manuscrita con el nombre de *Historia de la Ciudad y República de Tlaxcala*, sirvió a Fray Juan de Torquemada como una de las fuentes documentales para escribir *Monarquía Indiana*. Aquí reproducimos palabras que Muñoz Camargo puso en labios de Cortés, que al su propio decir decidieron a los tlaxcaltecas (a tomar partido de la rebelión de los cempualtecos en contra del imperio azteca) apartándolas de la edición de su Historia hecha en 1892 por D. Alfredo Chavero. Al través de Malintzin y de Aguilar, habla D. Hernando Cortés a los cuatro señores de Tlaxcala que se han reunido en torno suyo para pedirle categórica explicación de sus fines:

"... vengo a ayudaros y a dar muy cruda guerra a Motecuhzoma vuestro capital enemigo, y vengar vuestras injurias, en cuya venganza y castigo veréis que mi amistad es firme y muy verdadera, para que después vengados de vuestros crueles enemigos y crueles adversarios, vivir con descanso entre vosotros, sin jamás desampararos; quería sacar de esto, generosos señores, que os persuadiésedes a querer seguir ante todas cosas mi sacra religión, mi santísima ley y fe verdadera que es la del verdadero Dios Jesucristo Nuestro Señor Unigénito Hijo, de Dios y Salvador del Mundo, y que os bautizáredes con el agua del Espíritu Santo y para que quedáseis lavados y limpios de todas vuestras culpas, mancillas y pecados, y con esto tendré por cierto que me queréis bien, y con este vínculo de amor quedará confirmada nuestra amistad para siempre jamás...

Malintzin tradujo el juramento, palabra por palabra, y quedó tan deslumbrada como los señores tlaxcaltecas. No contento, Muñoz Camargo atribuye a Cortés, para exhibirlo ante los siglos, esto otro:

"Por tanto, señores y amigos generosos, pues me habéis pedido razón de mi venida y os he querido satisfacer, ya os la he dado muy por extenso sin haberos ocultado cosa alguna, sino que clara y abiertamente os he descubierto mi pecho, y ansí lo podréis decir e informar a todas vuestras gentes, y a aquellos que quisiesen seguir mi amistad y venirse de paz y tornarse cristianos..."

"... y ansí quedaron y estuvieron los cuatro Señores —concluye el historiador— de las cuatro cabeceras del Señorío de Tlaxcala absortos, admirados y suspensos de las cosas que el buen Capitán les había dicho y respondido".

En este punto conviene mostrar que lo que tímidamente reclama la primera generación de mestizos tlaxcaltecas, cuya representación puede encontrarse en Muñoz Camargo metido a historiador como consecuencia de un conflicto psicológico, es el cumplimiento de las aspiraciones de libertad de la madre indígena —la tierra—, frustradas por el padre español —el Gobierno—. Muñoz Camargo manuscribió con propia sangre.

Protagonista de la cuestión sin darse cuenta, el historiador entrega, como es natural, con razones femeninas, la respuesta que dio la sangre de su madre a las viriles promesas del papá, porque ambas se agitaban en su propia vena:

"¡Valeroso capitán!: Para qué queréis agora negocio tan intratable, alterando los corazones de los nuestros en querer intentar un caso tan duro y tan dudoso como éste, quebrantando un fuero tan inviolable, que si con tan denodado atrevimiento y tan temerario lo hiciéseis, los hombres que vivimos en la tierra y tan sujetos a la voluntad de los dioses, no lo habrían comenzado a poner por obra, cuando ellos todos se indignarían contra todo el mundo, y lo destruirían y tornarían por su propia causa y deidad, cuando viesen que los hombres los menospreciábamos en la tierra, nos enviarían hambres, pestilencias y otras desastres, infortunios y calamidades, desechándonos y expeliéndonos como a hombres malditos y apartados de su amistad, y no nos hablarían más, ni nos responderían como nos responden; el sol y la luna y demás estrellas relumbrantes se enfadarían contra nosotros, y ya no nos mostrarían más su luz ni claridad. Mira pues, Señor, y muy temido caballero de los dioses blancos y barbudos, lo que quieres emprender; mira que te queremos mucho, y te rogamos que no lo hagas, no te suceda algún trabajo, porque tenemos por experiencia que cuando ansí algunos de nosotros llegamos con insolencia a algunas de estas reliquias indignamente, caen sobre nosotros grandes relámpagos, rayos y truenos del cielo, en castigo de tan grande osadía y atrevimiento; y dejando aparte este negocio que toca a los dioses, todas las demás cosas que nos has dicho, que es ir contra Culhua es asolar y destruir por fuerza de armas con cruda y fuerte guerra todo, nos parece poco ponedlo debajo de tu Señorío y el mando no lo estimamos y tenemos en nada, en comparación de lo que nos has dicho, ni el tenerte por amigo, ni el reconocer por tal al gran señor que te envía, que es el que nos dices que se llama Emperador monarca del mundo..."

No creemos que exista en la literatura de la historia una mejor expresión del panteísmo indígena: "no me quites el sol ni la lluvia de mi Dios", recién arrancado el dios y sintiendo que faltan sol y lluvia, esto es, está reclamando el cumplimiento de la promesa: sin jamás desampararos, porque el de amparar es oficio de Dios.

Pero es más fuerte el odio que el amor, es mayor el miedo que la fe, ¿o es acaso el milagro en el que sólo creen los iluminados? Aquí está, prosiguiendo el historiador representativo de la primera generación mestiza en su Tlaxcala:

"Oído el negocio tan duro y pesado para un tan arraigado uso y costumbre, quedaron (los cuatro Señores) por muy gran rato sin poder hablar ni responder cosa alguna; mas al cabo, habiendo bien considerado lo que con tanto espíritu el capitán Cortés les decía, le respondieron de común consentimiento, que pues ellos le habían dado sus corazones y amistad, que era lo mejor de sus personas, ellos en este caso se rendían y no tenían que responder, sino que ejecutar su voluntad, e hiciese lo por bien tuviese, derribase los ídolos y los diese por ningunos; pero que si algo sucediese, que no fuese a su cargo, e que fuese visto y entendido que ellos no querían enojar a los dioses, ni era tal su voluntad, ni menos los querían creer, sino al Dios verdadero de los cristianos e que querían tornarse y echarse agua en las cabezas como ellos (los blancos) tenían de costumbre ser bautizados…

"Tomando pues la mano en esto los cuatro Señores, hicieron grandes juntas en sus pueblos, barrios y cabeceras, donde dieron entera noticia de lo que el capitán quería y pretendía en destruir y derribar sus dioses, y que no tan sólo venía a castigar a los injustos hombres, sino que también quería tomar venganza de los dioses inmortales, porque nos ha dicho que nos quiere dar otra nueva ley, limpia y loable, a que para esto tengamos por bien que recibamos otro Dios".

"Oído negocio tan duro por los de la República —sigue Muñoz Camargo—, volvieron los rostros al cielo en señal de gran dolor y sentimiento, y muy llorosos, que era vellos cosa de espanto y lástima, de tal manera que decían algunos a sus Señores, decid al capitán y respondedle, que ¿por qué nos quiere quitar los dioses que tenemos y que tantos tiempos ha que servimos nosotros y nuestros antepasados? Que sin quitarlos ni mudarlos de sus lugares sagrados pueden poner a su dios entre los nuestros, a quien también serviremos, le adoraremos, haremos casas y templos aparte y de por sí, y será también el dios nuestro y le guardaremos el decoro y respeto que su deidad y santidad merece, guardando sus leyes y mandamientos como lo hemos hecho con otros dioses que nos han traído de otras partes. A las cuales palabras torpes y sin fundamento respondieron sus señores y caciques, que ya no había remedio a cosa ninguna de las que pedían, sino que precisamente había de hacerse lo que el capitán quería e que no se tratase más de ello; y ansí que luego callaron y comenzaron a ocultar y esconder secretamente muchos ídolos y estatuas, como después adelante andando el tiempo se vio y ha visto, donde secretamente muchos de ellos les servían y adoraban como de antes, aconsejándoles el demonio que no desmayasen, ni los hombres advenedizos los engañasen, lo cual les decían en sueños y otras apariencias, mayormente cuando tomaban y bebían cosas provocativas a ver visiones, que para semejantes casos las tenían y tomaban, por cuya causa muchos de ellos estuvieron endurecidos, rebeldes y obstinados para su conversión; y ansí agora en nuestros tiempos, que fue el año de mil quinientos setenta y seis..."

Ejércitos aliados

Así, sobre los dioses derribados y la sangre mezclada, se consumó la alianza militar y política hispano-tlaxcalteca para ir contra el imperio mexicano. Lo afirma un historiador perteneciente a la primera generación mestiza indoespañola, al hablar con sobrevivientes de la conquista, a vista de sus resultados inmediatos. Voló la fama de esta confederación, todos los descontentos contra el imperio enviaron observadores. Tlaxcala fue convertida en capital de los desafectos a Motecuhzoma.

Seis mil tlaxcaltecas al mando de los mejores capitanes, Tlehuexolotzin, Piltecuhtli, Acxoxecatl, Teopanecatl, "y otros que por ser tantos sus nombres no se ponen", más mil trescientos cempoaltecas, al mando de sus mejores capitanes, con legión de tlamamas, para que los unos abrieran paso y los otros cargaran la impedimenta, marchan por delante de don Hernando y su pequeña tropa. ¿Es esto el ejército de la conquista española, o es una confederación militar de aborígenes capitaneada por un extranjero, dirigida al propósito de terminar con cuestiones de régimen interior en el manejo del país?

Masacre de Cholula. *Lienzo de Tlaxcala.*

Cuando los descontentos en todo el ámbito del imperio, al dictado de los observadores, lo creyeron conveniente, se unieron a la confederación; así los de Chalco en Anaquemecan, en Ayotzingo, etc. El ejército aliado creció, creció, hasta que cayó Tenochtitlan al peso de una masa de choque que nada ni nadie podía detener.

Cholula

Cholula no era plaza fuerte, bastión militar, sino ciudad sagrada, que vivía del comercio. Había sido refugio de Quetzalcóatl, cuando Tezcatlipoca expulsó de Tollan al sacerdote-dios; su templo mayor era más alto en cuatro escalones que el de Huitzilopochtli en Tenochtitlan. Tributaba sangre al Anáhuac, al través de las guerras floridas; también figuraba la ciudad entre las que mencionó la Matrícula de Tributos, si bien no padecía el rigor del cerco económico que Tlaxcala. Con todo, Cholula y Huexotzinco estaban más vinculadas entre sí, y en un caso dado, hacían causa común contra los tlaxcaltecas, como sucedió cuando Motecuhzoma primero quiso desbaratarlos definitivamente, fracasando. Si "Huexotzinco aparece como la casa de la música, de los libros de pinturas, casa de las mariposas", ha de verse en Cholula la ciudad sagrada, que no era de paso obligado para ir de Tlaxcala a Tenochtitlan, pues otro era el camino corto y abierto. Sin embargo, los ejércitos confederados marcharon sobre Cholula, obedeciendo a un fin que históricamente no está bien establecido. Los historiadores se limitan a decir que Cortés fue hacia esa ciudad porque no podía dejarla a sus espaldas, pero, si no era ciudad militar, ni los cholultecas contaban con ejército, ni tenían fama bélica, resulta incomprensible la peligrosidad que le atribuyen.

La política a seguir era la de no causar agravios a quienes podían ser aliados. Desde este punto de vista, parece incomprensible la matanza espantosa, cuya única justificación sería el saqueo desenfrenado a que se entregaron durante dos días los españoles y tlaxcaltecas, aunque unos y otros arguyeron la existencia de una conspiración revelada a Malintzin por una doña María Ibmateuh y que a su vez la esclava hizo conocer a Cortés, pero lo ilógico de esa supuesta conspiración mueve a desecharla. Cholula era victimada por Motecuhzoma; no podía conspirar en favor de él.

"El caso sucedido en Cholula, dice Herrera, sonó por toda la tierra causando gran maravilla... Túvose por cierto que en sabiendo Montezuma la mortandad sucedida en Cholula, y la resolución que tenía Cortés de ir a México, dixo, que aquella era la gente que estaba pronosticado que havia de sujetar a México, y que encerrándose en el templo principal estuvo ocho días en oración, i aiunos, i sacrificando muchos hombres, pensándo aplacar lo que estaba destinado, i que le habló el Demonio con el cual solía comunicar sus cosas: i que le dixo no temiese, que los cristianos eran pocos, i él señor de muchos, i valientes hombres, i haría de ellos lo que quisiese".

La correcta interpretación del episodio cholulteca, evidentemente aconsejado por Tlaxcala, ocurrido a despecho de los cempoaltecos que inmediatamente después de ocurrido se retiraron en su mayor número, ayudaría quizá en algo a entender la actitud de Motecuhzoma frente a los blancos, precisamente porque Cholula había sido y era refugio del culto a Quetzalcóatl, dado que con éste confundía a Cortés. Era Quetzalcóatl combatiéndose, destruyéndose a sí mismo, de donde sobrevendría el triunfo de Huitzilopochtli.

Motecuhzoma

Motecuhzoma Xocoyotzin no fue indeciso, ni fluctuante, ni menos cobarde, pues nunca huyó ni hacia atrás ni hacia adelante. Está bien claro que en él no hay inseguridad, sino certeza. No defendió el imperio con las armas, como se lo pedían sus guerreros, porque su creencia en los dioses le inhibió; confiaba en el Señor de la Dualidad, en el Dador de la Vida, en el que se está inventando a Sí Mismo. El derrotaría por sí solo, necesaria, fatalmente, a los dioses enemigos o nadie podría derrotarlos. En su dios confiaba de modo absoluto; era sacerdote convertido en príncipe; barría el templo, quiere decir, servía a su dios.

Cierto que era tlacatecuhtli o tlacochtecutli, jefe, señor de los hombres: en su presencia, nadie podía hablar en voz alta, ni alzar los ojos, ni permanecer con las sandalias puestas; él no podía usar dos veces una misma ropa ni un mismo plato; una mirada suya era orden indiscutible. Pero todo eso era debido únicamente a poderes expresos que le había confiado la divinidad; él mismo estaba en proceso de ser dios; lo heredaba en línea directa. De ahí partía la dinámica de sus motivaciones.

Mientras permanezca sobre Motecuhzoma la tilde injusta de cobardía; en tanto se le atribuyan indecisión y fluctuaciones que Gómara pintó como claroscuro a su carácter, no será posible esclarecer la verdad acerca de la caída del imperio azteca. Y para juzgarlo con objetividad, sin pretender ser más mexicatl que él, representativo por excelencia de la naturaleza idolátrica y mágica del sacerdote mexicatl, necesitamos desprendernos de perjuicios acumulados en nuestra cultura por una historia deficientemente escrita.

Sabía él que los blancos habían sido derrotados por los mayas, dos años atrás de la llegada de Cortés, en los combates de la punta de la tierra, porque el pochteca viajaba constantemente hasta el Anáhuac Xicalango y se internaba en el país de los mayas; sabía, pues, que los blancos eran susceptibles de ser derrotados militarmente. Y conocía su número; al día siguiente de desembarcados, sus tlacuilos le habían proporcionado todos los informes del caso. Con todo, él no empleó los recursos militares del imperio, mucho más aptos que los de los mayas, porque los ocho augurios, fijos en el cielo de la tradición, detenían sus defensas. Esto es: su religiosidad le sujetó las manos, le inhibió.

Sucede que nadie quiere creer lo que el propio Motecuhzoma declaró a Cortés, y que éste refirió a su sacra y cesárea majestad el rey, en la segunda carta relación:

"Muchos días ha que por nuestras escrituras tenemos de nuestros antepasados noticia que yo, ni todos los que en esta tierra habitamos, no somos naturales della, sino extranjeros y venidos a ella de partes muy extrañas; e tenemos asimismo que a estas partes trajo nuestra generación un señor, cuyos vasallos todos eran. El cual se volvió a su naturaleza, y después tornó a venir donde en mucho tiempo, y tanto que ya estaban casados los que habían quedado con las mujeres naturales de la tierra, y tenían mucha generación, y lechos pueblos donde vivían; e queriéndolos llevar consigo no quisieron ir, ni menos recibirle por señor; y así se volvió. E siempre hemos tenido que de los que dél descendiesen habían de venir a sojuzgar esta tierra y a nosotros como a sus vasallos. E según la parte que vos decís que venís, que es a do sale el sol, y las cosas que decís dese gran señor o rey que acá os envió, creemos y tenemos por cierto él ser nuestro señor natural; en especial que nos decís que él ha muchos días que tiene noticia de nosotros. E por tanto vos sed cierto que os obedeceremos y tenemos por señor en lugar de ese gran señor que decís, y que en ello no habrá falta ni engaño alguno; e bien podéis en toda la tierra, digo en lo que yo en mi señorío poseo, mandar a vuestra voluntad, porque será obedecido y lecho, y todo lo que nosotros tenemos es para lo vos dello quisiéredes disponer".

Esta categórica, limpia declaración de Motecuhzoma, a Cortés, dice que en él y en su cuerpo de consejeros —tlamatinime— dominaba un sentimiento de culpa referido al destierro de Quetzalcóatl, que en principio se tradujo en afán de reconciliación por medio del tributo espontáneo, como el que envió a Grijalva sin que Grijalva supiera de quién le llegaba, a cuya vista surgió en Cuba la idea de organizar una expedición más. De esta experiencia, Motecuhzoma desprendió una enseñanza ratificadora de su sentimiento religioso: que el tributo satisfacía al supuesto dios. Y a ella se debió el que Cortés fuera entrevistado por los embajadores del imperio, antes de abandonar sus naves, movido Motecuhzoma por la esperanza de que no desembarcara. Pero Cortés desembarcó, tras expresar deseos de entrevistarse con él, y así que se lo manifestaron sus embajadores, quedó en estado de ánimo sombrío. De una manera inexorable se cumpliría el destino: estaba frente a dios.

Supo cómo habían caído, impotentes, los dioses mayas en Centla; cómo fueron arrasados los altares en Cempoala, destruidas las divinidades en Tlaxcallan, y arrojados los ídolos y los sacerdotes desde los ciento veinte escalones del templo mayor de Cholula, y comprendió que solamente el Sol-Huitzilopochtli podía enfrentarse con quien vencía a todos sus dioses vasallos. Era una lucha entre dioses, en la que los hombres tenían muy poco o nada que hacer.

Por eso se hundió en sí mismo, negándose a usar los recursos militares a que le urgían Cuitláhuac y sus mejores capitanes. Las crónicas no registran un sólo movimiento suyo de desconfianza hacia su dios tutelar.

Los únicos recursos que intentó, fueron los de la magia. Mandó a sus hechiceros que usaran de toda su sabiduría en la administración de maleficios que ningún ser humano podría vencer, cuya inocuidad sirvió como nueva demostración de que eran dioses los que se acercaban.

Cuando llegó la hora, subió a su barca de niebla y en hombros de sus macehuales salió a encontrarse con el supuesto dios, sin que se le viera temblar. Y alojó en sus palacios a los recién llegados, restando toda importancia a la masa compuesta por tlaxcaltecas y rebeldes vasallos. Y los agasajó, les regaló con la mayor humildad, porque de una ojeada comprendió, desde el instante en que sus tlacuilos le llevaron imágenes y números, que no podían ser suficientes, caso de que fueran hombres, para dominar a un imperio y a un dios como los suyos. El estuvo dispuesto a tributar, a ser vasallo, pero no a renegar de sus dioses.

Encuentro de Motecuhzoma y Cortés. Malintzin traduce.

Las crónicas registran un solo momento en que se enturbia el rostro del sacerdote Motecuhzoma: es cuando accede a que Cortés y Malintzin, con otros blancos, visiten el templo mayor; cuando permite que suban sus ciento catorce escalones, escudriñen sus cámaras e intenten burlar a su divinidad, lo que Bernal consigna en su capítulo XCII:

"... y ansí como llegamos salió Montezuma de un adoratorio, a donde estaban sus malditos ídolos, que era en lo alto del gran cu, y vinieron con él dos papas, y con mucho acato que hicieron a Cortés y a todos nosotros, le dijo: cansado estaréis, señor Malinche, de subir a este nuestro gran templo. Y Cortés le dijo con nuestras lenguas (Aguilar y Malintzin) que iban con nosotros, que él ni nosotros no nos cansábamos en cosa ninguna. Y, luego le tomó por la mano y le dijo que mirase su gran ciudad y todas las más ciudades que había dentro en el agua, y otros muchos pueblos alrededor de la misma laguna, en tierra; y que si, no había visto muy bien su gran plaza, que desde allí podría ver muy mejor, y así lo estuvimos mirando, porque desde aquel grande y maldito templo estaba tan alto que todo lo señoreaba muy bien; y allí vimos las tres calzadas que entran en México, que es la de Iztapalapa, que fue por la que entramos, cuatro días había, y la de Tacuba, que fue por donde después salimos huyendo la noche de nuestro gran desbarate, cuando Çuedlavaca, (Cuitláhuac) nuevo señor, nos echó de la ciudad, como adelante diremos, y la de Tepeaquilla. Y el agua dulce que venía de Chapultepec, de que se proveía la ciudad, y en aquellas tres calzadas, las puentes que tenía hechas de trecho en trecho, por donde entraba y salía el agua de la laguna de una parte a otra; y veíamos en aquella gran laguna tanta multitud de canoas, unas que venían con bastimentos y otras que volvían con cargas y mercaderías; y veíamos que cada casa de aquella gran ciudad, y de todas las más ciudades que estaban pobladas en el agua, de casa a casa no se pasaba sino por unas puentes levadizas que tenían hechas de madera, o en canoas; y veíamos en aquellas ciudades cúes y adoratorios a manera de torres y fortalezas, y todas blanqueando, que era cosa de admiración, y las casas de azoteas, y en las calzadas otras torrecillas y adoratorios que eran como fortalezas. Y después de bien mirado y considerado todo lo que habíamos visto, tornamos a ver la gran plaza y la multitud de gente que en ella había unos comprando y otros vendiendo, que solamente el rumor y zumbido de las voces y palabras que allí había sonaba más que de una legua, y entre nosotros hubo soldados que habían estado en muchas partes del mundo, y Constantinopla, y en toda Italia y Roma, y dijeron que plaza tan bien compasada y con tanto concierto y tamaño y llena de tanta gente no la habían visto.

"Dejemos esto y volvamos a nuestro capitán que dijo a Fray Bartolomé de Olmedo, ya otras veces por mi memorado, que allí se halló:

"Paréceme, señor Padre, que será bien que demos un tiento a Montezuma sobre que nos dejé hacer aquí nuestra iglesia.

"Y el padre dijo que será bien, si aprovechase: mas que le parecía que no era cosa convenible hablar en mal tiempo; que no veía a Montezuma de arte que tal cosa concediese. Y luego nuestro Cortés dijo a Montezuma con doña Marina, la Lengua:

"Muy gran señor es vuestra merced, y de mucho más es merecedor; hemos holgado de vuestras ciudades, lo que os pido por merced, que pues que estamos aquí, en este vuestro templo, que nos mostréis vuestros dioses y teules.

"Y Montezuma dijo que primero hablaría con, sus grandes papas. Y luego que con ellos hubo hablado dijo que entrásemos en una torrecilla y apartamiento a manera de sala, donde estaban dos como altares, con muy ricas tablazones encima del techo, y en cada altar estaban dos bultos, como de gigante, de muy altos cuerpos y muy gordos, y el primero, que estaba a mano derecha, decían que era el de Uichilobos, su dios de la guerra, y tenía la cara y el rostro muy ancho y los ojos disformes y espantables; en todo el cuerpo tanta de la pedrería y oro y perlas aljófar pegado con engrudo, que hacen en esta tierra de unas como raíces, que todo el cuerpo y cabeza estaba lleno de ella, y ceñido el cuerpo unas a manera de grandes culebras hechas de oro y pedrería, y en una mano tenía un arco y en otra unas flechas. Y otro ídolo pequeño que allí junto a él estaba, que decían que era su paje, le tenía una lanza no larga y una rodela muy rica de oro y pedrería; y tenía puestos al cuello el Uichilobos unas caras de indios y otros como corazones de los mismos indios, y estos de oro de ellos de plata, con mucha pedrería azules, y estaban allí unos braseros con incienso, que es su copal, y con tres corazones de indios que aquel día habían sacrificado y se quemaban, y con el humo y copal y le habían hecho aquel sacrificio. Y estaban todas las paredes de aquel adoratorio tan bañado y negro de costras de sangre, y así mismo el suelo, que todo hedía muy malamente. Luego vino a otra parte, de la mano izquierda, estar el otro gran bulto del altor de Huichilobos, y tenía un rostro como de oso, y unos ojos que le relumbraban, hechos de sus espejos que se dice tezcal, y el cuerpo con ricas piedras pegadas según y de la manera del otro su Uichilobos, porque según decían eran hermanos y este (Tezcatlipoca) era el dios de los infiernos, y tenía a cargo de las ánimas de los mexicanos, y tenían ceñido el cuerpo con unas figuras como diablillos chicos y las colas de ellos como sierpes, y tenía en las paredes tantas costras de sangre y el suelo todo bañado de ello, como en los mataderos de Castilla no había tanto hedor. Y allí le tenían presentados cinco corazones de aquel día sacrificados, y en lo alto de todo el cu estaba otra concavidad muy ricamente labrada la madera de ella, y estaba otro bulto como de medio hombre y medio lagarto, todo lleno de piedras ricas y la mitad de él enmantado. Este decían que el cuerpo de él estaba lleno de todas las semillas que había en toda la tierra, y decían que era el dios de las sementeras y frutas; no se me acuerda el nombre y todo estaba lleno de sangre, así paredes como altar, y era tanto el hedor que no veíamos la hora de salirnos afuera. Y allí tenían un tambor muy grande en demasía, que cuando le tañían el sonido de él era tan triste y de tal manera como dicen estrumento de los infiernos, y más de dos leguas de allí se oía; decían que los cueros eran de sierpes muy grandes.

"... y nuestro capitán dijo a Montezuma, con nuestra lengua (Malintzin), como medio riendo:

"—Señor Montezuma: no se yo como un tan gran señor y sabio varón como vuestra merced es, no haya colegido en su pensamiento como no son vuestros ídolos dioses, sino cosas malas, y para que vuestra merced lo conozca y todos sus papas lo vean claro, acédme una merced: que hayáis por bien que en lo alto de esta torre pongamos una cruz, y en una parte de estos adoratorios donde están vuestros Uichilobos y Tezcatepuca, haremos un apartado donde pongamos una imagen de Nuestra Señora (la cual imagen ya Montezuma la había visto), y veréis el temor que de ello tienen esos ídolos que os tienen engañados.

"Y Montezuma respondió medio enojado, y dos papas que con él estaban mostraron malas señales, y dijo:

"—Señor Malinche: si tal deshonor como has dicho creyera que habéis de decir, no te mostrara mis dioses. Esos tenemos por muy buenos, y ellos nos dan salud y aguas y buenas sementeras y temporales y victorias cuantas queremos; y tenémoslos de adorar y sacrificar; lo que os ruego es que no se diga otras palabras en su deshonor...

"Y desde que aquello le oyó nuestro capitán y tan alterado, no le repicó más en ello, y con cara alegre le dijo:

"—Hora es que vuestra merced y nosotros nos vamos...

"Y Montezuma respondió que era bien; y que porque tenía que rezar y hacer cierto sacrificio en recompensa del gran tatacul, que quiere decir pecado, que había hecho en dejarnos subir en su gran cu, y ser causa de que nos dejase ver a sus dioses, y del deshonor que le hicimos en decir mal de ellos, que antes que se fuese lo había de rezar y adorar. Y Cortés le dijo:

"—Pues que así es, perdone, señor..."

Al siguiente día, el carpintero Alonso Yáñez vio en uno de los muros recién enlucidos de la habitación del palacio en que estaban alojados, una como señal de tapiada puerta; horadaron el muro por mandato de Cortés, dieron con los tesoros de Axayácatl, padre de Moctezuma, y se los apropiaron. Ese mismo día, se acordó apresar al emperador, con el pretexto de las muertes de Juan Escalante, seis soldados, y un caballo, causadas por totonacas al mando de Cuahpopocatzin, en Quiahuiztlan, cerca de la Villa Rica de la Vera Cruz.

Cuando acaeció la escena en lo más alto del templo, Cortés estaba rodeado de sus mejores capitanes y soldados; el cronista no describió ningún séquito del emperador; si lo tenía, no era militar; estaba en compañía de sacerdotes. Sin embargo, reconvino a Malintzin-é al través de Malintzin, mientras relampagueaba en sus ojos la fe, la decisión en favor de sus dioses, al grado que Cortés tuvo que serlo pidiéndole perdón y retirándose.

No. Motecuhzoma no fue indeciso, ni fluctuante, ni menos cobarde. Tuvo fe en sus dioses; con la vista fija en ellos se hundió, en sí mismo, negándose a emplear recursos militares. Ellos vencerían de manera fatal, inevitable. Por eso permitió que le pusieran los grillos, por eso permaneció impávido ante la cremación en vida de Cuauhpopocatzin y sus quince soldados, en patios de palacio, no porque fueran acusados del delito de matar españoles en la batalla de Nauhtlan, como irónicamente dice algún historiador, sino porque se atrevieron a oponerse a la voluntad de los dioses. Fue por eso que permitió la prisión de Cacamatzin, el más gallardo dé los señores mexicatls; por eso disolvió las conspiraciones con que los suyos intentaron libertarle... Por eso cometió las que a nosotros, extraños a su psicología, nos parecen inconcebibles concesiones durante su lastimoso cautiverio: porque lo que ocurría era la sagrada voluntad de los dioses, que debía ser acatada, de ninguna manera discutida. Era necesario ser más valiente para soportarlo todo que para huir hacia atrás, a ocultarse, o hacia adelante, acometiendo. Lo que dice, Gómara, evidentemente influido por Cortés, demuestra cuán lejos estuvieron los españoles de comprenderlo: "Hombre sin corazón y de poco debía ser Moctezuma, pues se dexó prender, y preso nunca procuro soltura, convidándole con ella a Cortés, y rogándoselos a los suyos, y siendo tal, era tan obedecido que nadie osaba en México enojar a los españoles por no enojarle".

Todavía más: ya había sufrido toda suerte de vejaciones, ninguna se le había escatimado, cuando sus correos le llevaron al oído la noticia de la llegada de Pánfilo Narváez, y su servicio de inteligencia le puso al corriente acerca de la disensión entre españoles. Otro más apegado a la realidad, menos cercano a los dioses, hubiera contado con suficientes elementos de juicio para salir del error, pero no él, eminentemente religioso: pensó que eran sus dioses tutelares los que comenzaban a actuar enviando los navíos que Cortés decía necesitar para irse, regresar a su tierra; así, cuando Cortés se despidió del cautivo y éste le vio partir, sintió gran alivio de su corazón; creyó que era llegado el instante de avivar los ruegos a la divinidad, de instarla viva y definitivamente a rescatar a la nación mexicatl, y desde su celda mandó organizar la fiesta homenaje al más alto de sus dioses; y digo "mandó", a pesar de que nadie lo dice, porque es obvio que no pudo haber sido organizada la fiesta ceremonial sin su orden categórica, sin su expresa voluntad, ya que todavía era jefe indisputable de la casta divina.

Esta fiesta no decía nada a los españoles. Alvarado contemplaba con indiferencia los preparativos. Pero para los aborígenes sí era elocuente: totonaques, tlaxcaltecas, huexocingas, todos los indígenas aliados del blanco que ya habían consentido en derrumbar los altares propios y aun veían en pie los altares aztecas, movidos por el pensamiento mágico, entendieron que si los mexicatls reobtenían, aunque fuera momentáneamente, el perdido favor sus dioses, triunfarían. Ellos sí que vieron en la ceremonia religiosa una conspiración, dirigida al fin trascendental de derrotarles por medio del milagro, de la magia, y confiaban a Tonatiuh sus temores de que el milagro fuera realizado; Alvarado, el Tonatio, aprovechó la ocasión para saciar su sed de sangre y aliviar una o la del oro, que era a lo que él había venido, como todos los expedicionarios contratados en Cuba para rescatar.

Desde la celda de su palacio, Motecuhzoma oyó el grito de terror, primero, de indignación después, ocasionada por la matanza. Cuando entre llantos, sus allegados le refirieron al detalle la afrenta inferida al dios sin que el dios interviniera, fue aniquilada su esperanza: hasta entonces se comprendió perdido. No porque hubiera muerto lo más granado de sus capitanes; no por las mujeres y los niños que danzaban el mazehualistli —que quiere decir "merecimiento con trabajo"— y los, músicos asesinados a mansalva; no por el miserable oro arrebatado de los cuerpos sangrantes; sí porque su dios, le daba definitivamente las espaldas. Su teogonía se le derrumbó por dentro.

Todo Tenochtitlan se alzó contra los popolocas; zumbaba el avispero en calles, plazas, canales; la laguna era hervidero de piraguas; de Tlaltelolco y todos los mercados, volaron las avispas emjambradas en busca de colmena y fueron a estrellarse contra los barrotes de la celda en que estaba preso el abandonado de dios.

Ese momento fue para Motecuhzoma el de la revelación: no podía suponer que sus dioses habían fracasado; su interpretación a la indiferencia divina tenía que estar al nivel de su psicología religiosa: él, solo él, era responsable. Los dioses no querían entenderse con él. Se sintió destituido, aniquilado en su proceso de ser dios.

Cortés y Malintzin en Tenochtitlan. Lienzo de Tlaxcala.

Y crecía el zumbar de los abejorros aporreando alas y aguijones contra el palacio convertido en cárcel; crecía la marea de la rebelión cuando regresó Cortés triunfante de su acción contra Narváez, aumentando en más del doble sus efectivos militares, multiplicando caballada y armamento. Era tan alta la marea, que Cortés, alarmado, reconvino a Tonatio y quiso reducir a los de afuera valiéndose de Motecuhzoma, pero éste puso por condición la libertad de Cuitláhuac, su hermano de padre y madre preso con él, atribuyéndole el propósito de calmar al pueblo, lo que obtuvo. Y resulta claro que Cuitláhuac salió con instrucciones y facultades suficientes para hacerse cargo de la situación.

No debe incurrirse en ligereza acusando a Cuitláhuac de traicionar a su hermano, así que se vio fuera del palacio convertido en cárcel; digamos lo justo: que le obedeció poniéndose a la cabeza de las circunstancias, al frente de un pueblo, amotinado como consecuencia de un crimen bestial.

La tradición del imperio concedía al hermano posibilidad de la sucesión en el trono. El Emperador sabía lo que hacía cuando procuró su libertad. Históricamente está comprobado que Cuitláhuac gobernó como jefe sólo desde la muerte de Motecuhzoma; no fue alzado rey sino hasta el mes de Ochpaniztli, o sea hasta el siete de septiembre, según afirma Orozco y Berra.

Al advertir Cortés que Cuitláhuac no regresaba ni cumplía con la comisión de apaciguar al pueblo que sirvió de pretexto para su libertad, y que el pueblo no sólo se negaba a seguir manteniendo a sus huéspedes, como hasta entonces había hecho, sino que golpeaba en los cuarteles con creciente furia, jugó la última carta desesperada: hizo que Motecuhzoma vistiera sus galas imperiales y saliera a una azotea de palacio, desde la cual intentaría —según él, Cortés— calmar los ánimos.

Vestido de Tlacatecuhtli, de Señor de los Hombres —rey de burlas—, Motecuhzoma salió a morir bajo el sol a la azotea de su palacio; ya se sabía destituido por sus dioses, él no vivía; oyó a su sobrino Cuauhtémoc, gritar:

—¡Mujer de los españoles!...

Vio al pueblo enardecido, moverse como un mar aporreando su marca de gritos, su espuma de ademanes, contra los muros del palacio real; vio girar las hondas, vio disparar las piedras, pero no se escondió ni alzó la mano para cubrirse el rostro. Sea que hubiera sido lesionado por los suyos, tal cual sostiene la versión histórica escrita por los vencedores, sea que hubiera sido "apuñalado por lo bajo", como rumorean los vencidos con un run run que todavía corre por la entraña del decir buscando una salida, o victimado a garrote, inmediatamente después, al mismo tiempo que Itzqualulhtzin, señor de Tlaltelolco y de otros señores presos, como afirma Sahagún citado por Torquemada, murió Motecuhzoma de cara a sus creencias, sin abjurar, negándose a mudar de Dios frente a las instancias de Fray Bartolomé de Olmedo, sin cambiar su fe, arrancándose la venda de las heridas para desangrar por ellas, como si él mismo se dispusiera al sacrificio en el ara del Señor de la Dualidad, seguro de acudir al seno de sus divinidades para ver, de entender, el porqué de las cosas.

Por todo esto se dice que Metecuhzoma no fue traidor ni cobarde, ni indeciso ni fluctuante, sino el más religioso y desafortunado emperador y sacerdote entre todos los señores mexicatls. Únicamente añadimos que la orientación hacia Dios representó en él, como en todos los grandes místicos, el vínculo psicológico de lo conocido con lo desconocido, clave, explicación de todo. Se diría que Motecuhzoma Xocoyotzin se fue por la salida de la certeza en la fe siguiendo esa orientación, rastreando lo que está más allá de la memoria, tal si en verdad existiera algo debajo del olvido.

Así fueron los tatarabuelos indígenas.

Esto está escrito con toda la sangre de La Noche Triste, que fue mucha, tanta, que para siempre enrojecieron aguas y riberas del Anáhuac. Nunca había dispuesto Cortés de tantos soldados y capitanes, ni de tantos caballos, ni de armamento igual. Jamás. Y miremos lo que pasó, todavía y para siempre escrito en la historia, así que el pueblo de Tenochtitlan sepultó a su Motecuhzoma. ¡Ah, valientes! ... ¿Por qué huyen, dónde están los intrépidos que se llenaron los bolsillos de oro, dónde los quintos del rey y del invencible capitán?

Fugitivos en la noche con lo robado; héroes huyendo en la tiniebla, corriendo, tropezando, cayendo, sacándose el oro de las bolsas y tirándolo para pesar menos y saltar y correr mejor sobre los ayes de los compañeros... ¡conquistadores! De 1,300 soldados españoles, sobrevivieron 440, todos muy heridos. Del ejército tlacalteca, un puñado; de las 300 mujeres obsequiadas, acaso cinco.

La Noche Triste.

Lo que hubiera sido de ellos sin los aliados tlaxcaltecas; lo que hubiera reído Velázquez sin los tlamamas que los recogieron cuando ya ni podían seguir corriendo, para transportarlos en hamacas y a lomo hasta donde les dieron abrigo, curaron heridas, y propiciaron su convalecencia, mientras el virus de la enfermedad del negro, cundía y contagiaba en la indefensa humanidad de Tenochtitlan, para dejarla sin jefe una vez más. ¡Y lo que hubiera sido de los tlaxcaltecas y de los de Cempoallan, si el azteca hubiese culminado triunfalmente, la persecución, una vez ocurrido el desbarato de la Noche Triste!... Y lo que es peor: ¿estaríamos aquí nosotros haciendo historia?

Con escudo y espada

En la estampa vigésima tercera del Lienzo de Tlaxcala se muestra sobre los cerros del Norte del Valle de México, el jeroglífico de un manantial, representativo del pueblo de Aychcualco, de acuerdo con la explicación que se sirve dar don Alfredo Chavero, al que Cortés llegó con sus mermadas huestes, el 4 de Julio. La pintura representa a los españoles y a Malintzin, durmiendo fatigados, mientras velan un caballero español y varios tlaxcaltecas. Junto a Malintzin derrengada, que se abrió paso entre la mortantad con su propia rodela y con su brazo, están su escudo y el diminuto lío de su equipaje. Una espada puesta en el suelo dice que los fugitivos reposaban de la fatiga, sin cuidado. Parece que ahí quedaron todo el 5 de julio a fin de cobrar fuerzas y reanudar la retirada.

Es aquí donde Malintzin adquiere su magna dimensión; aquí, en Tlaxcala, a partir de la convalecencia de la Noche Triste, la esclava crece y se transforma, muda de piel, es convertida en centro magnético de atracción del mundo indígena.

Ella es quien anuda paciente y eficientemente, los dispersos hilos de los desafectos al imperio, para reunirlos en cadejo y entorcharlos luego, a fin de que con una sola voluntad los maneje su señor.

Malintzin con escudo y espada. *Lienzo de Tlaxcala.*

Veamos la verdadera posición de Cortés en aquel instante: si los aborígenes aliados no hubieran apretado filas en torno suyo por temor al revanchismo del imperio azteca, ¿acaso tenía retirada posible allende el mar, recursos para intentar socorro de parte alguna, capacidad de lucha para enfrentarse a los aztecas o ánimo dispuesto a buscar sitio en el vasto territorio para establecer una colonia? Evidentemente no. Sólo procurando la unidad, la acción coherente de los rebeldes a Motecuhzoma, y manejándola a su arbitrio, podía dominar la situación. Y a eso se aplicó, refugiado en Tlaxcala, valido de los temores a la represalia.

La unión de Cortés con el medio circundante, era Malintzin, la que para entonces ya podía entender directamente con él en español, pero él no podía entenderse directamente con el medio indígena en los idiomas nativos. Si por una circunstancia cualquiera, incluyendo la del afecto hacia otra persona, Malintzin se hubiera alejado de él, Cortés hubiera carecido del mejor instrumento para lograr la unidad de carácter político militar que necesitaba a todo trance; comprendió que quedaría solo si perdiera a Malintzin, y la sujetó con vínculos que permitieran suponer a la esclava una superación. Ella no podía resistirse; era del amo: había sido obsequiada a su señor, Y prestó su cuerpo al nudo de la raza nueva.

Quería ser libre y no sabía cómo serlo porque a ella la educaron para esclava; carecía de preparación para entender y usar la libertad. De haberla tenido, se hubiera alzado como cabeza de la rebelión, haciendo a un lado, suprimiendo al intruso. Pero ni parece haber sabido cómo, ni podía hacerlo en presencia de pueblos con pensamiento mágico que suponían a Cortés un teul, semidiós capaz de poner por tierra las divinidades nativas, suposición en que ella caía por contagio extralógico. Pudo haber admirado a Cortés, detenida ante él en actitud de éxtasis parecido al amor; pudo haberle tenido temor y respeto; pudo entrever al través de él la libertad... Pero amor...

El genio de Cortés consistió en saberse valer de las circunstancias y en superarlas, sin detenerse en escrúpulos. Necesitaba la unidad de unos aborígenes para utilizarla contra los otros y vencerlos a todos, y lo consiguió. Usó de Malintzin como de los demás; como antes había usado a la Marcayda, a Velázquez, y usó de todos después, incluyendo al Rey de España. Necesitaba triunfar y triunfó, en forma aplastante, que todavía, repercute su triunfo en el ámbito de México y repercutirá desfavorablemente, si no lo detenemos.

La idea de atacar por agua a Tenochtitlan, una vez que aseguró la presencia del aborigen como masa de choque, perfeccionó el plan militar contra la capital del imperio. El elogio de Cortés se haría recordando cómo hizo transportar de la Villa Rica de la Vera Cruz, a lomos de tlamama, cuanto quedaba de utilizable de los navíos dados al través; cómo organizó una legión de carpinteros, en Tlaxcala, primero, para iniciar la construcción de los bergantines y terminarlos en Texcoco; cómo hizo abrir con 10,000 tlaxcaltecas una zanja enorme a orillas del Anáhuac, aprovechando la escisión política entre tezcuqueños —antecedente de los astilleros americanos—; cómo acampó para aislar a Tenochtitlan; cómo hizo concurrir a millares los guerreros aborígenes de todos los matices, para usarlos como masa de choque y aniquilar la heroica y desigual defensa de Cuauhtémoc y obtener, a fin de cuentas, un triunfo que defraudó a quienes le ayudaron. El genio de Cortés consistió, por encima de todo, en engañar a todos. Ese su genio, ese su crimen. A ese genio puede imputársele la conquista, pero no a la guerra en sí, porque esa guerra fue hecha por la rebelión de los aborígenes para liberarse de la tiranía, de ninguna manera para acrecerla.

El sitio de Tenochtitlan

Los 13 bergantines construidos en el barrio de Atempa, Tlaxcala probados satisfactoriamente en una represa del río Tlaxcala-Zahuaban, desarmados, conducidos a hombro de millares de cargadores tlaxcaltecas a Tetzcuco, custodiados a lo largo del camino montañoso y difícil "con hasta 20,000 hombres de guerra" tlaxcaltecas, huexotzingas y chololtecas, fueron perfeccionados y vueltos a ensamblar en la zanja practicada a orillas de la laguna, al amparo del tezcucano, Tecocoltzin. El domingo 28 de abril, 1521, botados al lago.

Concentrados los españoles en Tetzcuco, se procedió a su recuento: resultaron 86 caballeros, 118 ballesteros y arcabuceros, 700 y tantos peones de espada y rodela, 3 cañones de hierro, 15 menores de bronce, 10 quintales de pólvora, 50,000 saetas de ballesta.

Según Alva Ixtlilxochitl en su *Décima Tercia Relación*, los tezcocanos aportaron 200,000 guerreros, más 50,000 labradores para aderezar puentes, con un equipo de 16,000 canoas. A este ejército se agregaron acalhuas, chalcas, huejotzingas, chololtecas, otomíes y contingentes de numerosos núcleos más. A la cabeza del ejército tlaxcalteca iba Xicontencatl el mozo, quien desertó en vísperas de abrirse la marcha sobre Tenochtitlan, con parte de sus tropas, se supone que pequeña, pues Alonso de Ojeda, comandante de los ejércitos aliados, por mandato de Cortés, le alcanzó, aprehendió y ahorcó. Este enorme contingente de aborígenes, al que a poco se añadieron grupos de distintas ciudades, presionados por las circunstancias, representó a la rebeldía contra el régimen moctezumista jefaturada por Cortés mediante la promesa de hacer cesar la tiranía.

Según el historiador Chavero, los mexicatls encerrados en Tenochtitlan eran cosa de 300,000 hombres; se calcula en 6,000 su flota de canoas, todo bajo el mando de Cuauhtémoc, pues Cuitláhuac había muerto a consecuencias de viruelas contagiadas por uno que llegó en la expedición de Narváez.

Se desprendió de Texcoco el ejército aliado, un diez de mayo. El 14, quedaron rotas las fuentes del acueducto de Chapultepec, que surtía de agua potable a la ciudad. Obedeciendo un plan, se evitó la llegada de alimentos y auxilios a Tenochtitlan. Los trece bergantines y las 16,000 canoas, que en total disponían de cosa de 100,000 remeros, bien pronto quedaron dueños de canales, acequias y laguna, al grado que el Anáhuac quedó ribereño con guerreros enemigos. Para el 21 de julio, ya le habían sido ganadas las tres cuartas parte de la ciudad.

Nunca se hará elogio suficiente de Cuauhtémoc, símbolo de bravura, lealtad al suelo nativo, esfuerzo heroico. Demolidas una a una las casas en torno suyo, ya sin punto de apoyo en la tierra de la pequeña isla, refugiado en las últimas canoas, sin tener cómo defender a las mujeres y a los críos, sin alimento, sin otro líquido para beber que el salitroso de la laguna mezclado con sangre; sé niega a concertar la paz, a reconocer su derrota porque ya presiente, ya intuye, que nunca para su raza, podrá existir la paz. El hambre colectiva que entonces sufrió Tenochtitlan, a vista de millares de enemigos muertos, desmiente la versión de que los aztecas fueran antropófagos.

El 13 de agosto de 1521, después de noventa días del más tremendo choque de masas guerreras nunca antes ocurrido en América, suena por la postrera vez el caracol de Cuauhtémoc ordenando combatir sobre las pavesas de la que había sido la más bella joya urbanística del imperio, piedra preciosa y rica pluma transformadas en ceniza; escombros de templos y palacios, lodazal de agua salobreña y sangre, confusión de imprecaciones y llantos, con más de cien mil cadáveres insepultos. Con ánimo evidente de ir quién sabe a dónde y continuar la lucha como se pudiera, Cuauhtémoc, acompañado de su esposa y principales, monta en la última piragua disponible e intenta desesperado escape, al refugio del postrer ademán defensivo de su tropa moribunda de hambre y de sed. Pero hasta el brisote le traiciona: sopla viento en contra, es alcanzado e identificado fortuitamente por tezcucanos que tripulan un bergantín al mando de García Olguín, y aprehendido. El Águila Caída plegó sus alas. Aquí están sus palabras escritas en bronce para todos los siglos:

"—Malintzin-é, pues fui desgraciado en la defensa de mi patria, mátame con tu puñal".

De momento, las mujeres importantes habían sido trasladadas a Tezcuco, puestas bajo la guardia de Ixtlilxutchil, el fratricida, según la *Décima Tercia Relación* de don Fernando Alva Ixtlilxotchil, aunque el soldado cronista afirma que ellas y los señores principales fueron conducidos a Coyoacán, donde Cortés hizo cuartel general. Hay un silencio de muerte que pesa en el ambiente; el dolor de los vencidos es más grande que la alegría de los vencedores. A poco se muestran los urgentes objetivos de cada grupo: el de los blancos es el de averiguar inmediatamente dónde está, quién tiene en su poder, el tesoro perdido durante los sucesos de la Noche Triste; el de sus aliados, que lucharon y murieron a decenas de millar con los fines de reivindicar su dignidad humana, sus tierras usurpadas, desaparecer los tributos de sangre y disminuir los económicos, es el de gozar ya de la victoria, de establecer ya, los términos de lo alcanzado con el sacrificio que impuso la lucha. Cortés quiere saber del tesoro, mas para recurrir al tormento inquisidor necesita quedar a solas con los presos, dispersar previamente a sus aliados, dándoles la apariencia de haber satisfecho sus justos afanes. Ordena entonces que comparezcan Cuauhtémoc, su consejero Tlacotzin y Oquitzin, señor de Azcapotzalco Mexicapan y Panitzin, señor de Ecatepec, a más de Motelhuitzin, mayordomo real, ante su presencia y la de los representativos aliados. Les interroga al través de Malintzin y del faraute Aguilar, dando lugar al diálogo reproducido ya. Escuchados los prisioneros, Cortés sentencia, dirigiéndose a sus aliados:

"—Os dejo libres (Es decir: ya sois libres; desde ahora sois libres). Ya nadie allí tendrá que servir al mexicatl... Recobrad vuestra tierra..."

Con esta frase encubría el fraude; con lo declamatorio de esta sentencia que jamás tendría cumplimiento, Cortés cegó a los caudillos tepanecas, acolhuas, xochimilcas, chalcas, cholultecas, a todos, en fin, los que habían luchado por reivindicar su dignidad humana y los derechos de los pueblos y deslumbró a Malintzin, a cuyo cargo había corrido el pregón de la libertad.

Regresaron a sus lares los ejércitos aliados con el botín del saqueo, sin respetar a nadie ni a nada a su paso, ebrios de victoria, seguros de haber triunfado, para encontrarse a poco andar con la verdadera esclavitud que les duró trescientos años.

Y allí, allá, aquí estamos esos vencedores vencidos sorpresivamente, con el trauma a flor de la personalidad, expresándolo de cuantas maneras es posible.

Dando tributo a Cortés. *Lienzo de Tlaxcala.*

Doña Marina de Xaramillo

Sería muy difícil establecer la lógica de don Hernando cuando resolvió abandonar sus palacios de Coyoacán y emprender la aventura de las Hibueras, a dispersarse en la selva como la cola de un huracán, si nos atuviéramos únicamente a lo que relata Bernal Díaz del Castillo en el capítulo CLXXIV de su *Historia*. La traición de Olid parece un hecho demasiado pequeño, miniatura de lo que el propio Cortés hizo a Velázquez. De ninguna manera puede ahora justificar todo lo relatado en la quinta carta dirigida al rey; lo que entonces pudo servir de pretexto y engañar al cronista, hoy no engaña a la historia.

La defección de Olid fue consecuencia natural del fraude que Cortés hizo a sus capitanes y soldados, a quienes hurtó gloria y oro resultantes de la empresa colectivamente realizada. Visto así, el alzamiento de Olid carece de dimensiones, no ya para justificar, pero ni siquiera para explicar una travesía de más de quinientas leguas entre selvas, pantanos, ríos, torrentes, ciénagas, tembladeras, montañas —todo un túnel practicado en lo desconocido durante un año y seis meses— que aparentemente extravió a Cortés, pero que en verdad lo redujo a su destino.

Si queremos encontrar la transparencia de doña Marina de Jaramillo, resulta forzoso explicar históricamente las razones de esa expedición. Es muy importante establecer esto, porque de dos de los acontecimientos producidos por Cortés durante ese viaje —su repudio a Malintzin entregándola a Jaramillo, y el asesinato de Cuauhtémoc—, le sobrevino la definitiva repulsa psicológica de todos los vencidos, lo mismo de quienes habían sido aliados que de sus enemigos. Vamos, pues, a buscar esa explicación:

El oro de la conquista sirvió, desde luego, para comprar la total voluntad del rey, que Velázquez buscaba mediante la interesada ayuda del obispo de Burgos, oro que Carlos V empleó a su vez en sus campañas cesáreas en Europa, nunca para aliviar la mísera condición de vida del esclavo pueblo español; en seguida, para adquirir cuanto necesario a la realización del propósito guerrero; inmediatamente, para favorecerse a sí mismo el conquistador y enriquecer a sus favoritos; para todo lo que directamente le interesaba, no para compensar a sus capitanes y soldados, según refiere el propio Bernal en su capítulo CLVII:

"... y digamos cómo todos los capitanes y soldados estábamos algo pensativos después que vimos el poco oro y las partes tan pobres y malas y el fraile de la Merced y Pedro de Alvarado y Cristóbal de Olid y otros capitanes dijeron a Cortés que pues que había poco oro, que lo que cabía de parte a todos que se lo diesen y repartiesen a los que quedaron mancos y ciegos y tuertos y sordos, y otros que se habían tullido y estaban con dolor de estómago, y otros que se habían quemado con la pólvora y a todos los que estaban dolientes de dolor de costado, que a aquéllos les diesen todo el oro... porque había muchas sospechas que lo tenía escondido todo (el oro) y que (mandó al Guatemuz) que dijese no tenía ninguno. Y lo que Cortés respondió fue que vería a cómo salíamos y que en todo pondría remedio. Y como todos los capitanes y soldados queríamos ver lo que nos cabía de parte, dábamos prisa para que se echase la cuenta y que se declarase a qué tantos pesos salíamos. Y después que lo hubieron tanteado dijeron que cabían a los de a caballo a ochenta pesos, y a los ballesteros y escopeteros y rodeleros a sesenta o a cincuenta pesos, que no se me acuerda bien. Y desde que aquellas partes nos señalaron, ningún soldado las quiso tomar".

En lo trascrito puede verse que se quejaba Cristóbal de Olid, y con él todos los capitanes, los soldados y hasta un religioso, de la desaparición del oro. "Entonces —añade Bernal— murmuramos de Cortés que lo había tomado y escondido el tesorero; y Alderete, por descargarse de lo que decíamos, respondía que no podía más, porque Cortés sacaba del montón otro quinto como el de su Majestad para él, y se pagaban muchas costas de los caballos que se habían muerto, y que también se dejaban de meter en el monto muchas piezas de oro que habíamos de enviar a su Majestad... Y como Cortés estaba en Coyoacán y posaba en unos palacios que tenían blanqueadas y encaladas las paredes, donde buenamente se podía escribir en ellas con carbones y con otras tintas, amanecían cada mañana escritos muchos motes, algunos en prosa y otros en metro, algo maliciosos, y en unos decían... que más conquistad, i os nos traía que la conquista que dimos a México, y que no nos nombrásemos conquistadores de la Nueva España, sino conquistados de Hernando Cortés; otros decían que no bastaba tomar buena parte del oro como general, sino parte como rey; ... otros decían:

¡Oh, que triste que está el ánima mea hasta que todo el oro que tiene tomado Cortés y escondido lo vea!

Y aun decían palabras que no son para poner en esta relación".

Con el fin de aliviar su situación, cada uno de los capitanes pidió ir a provincia y cada soldado se acomodó con el capitán de sus simpatías, a lo que Cortés accedió. Era una manera de salir de ellos al mismo tiempo que un modo de extender la conquista, expediente para acallar quejas, campo a cada quien donde hincar la garra. A esto se debe que no hubieran fincado hogar en la ciudad capital quienes Bernal llama "los verdaderos conquistadores que ganamos la Nueva España y la fuerte y gran ciudad de México", sino que se hubieran ido a provincia, facultados inclusive a herrar a los indígenas que no se dieran de paz; repartimientos, cacicazgos, encomiendas y la mayor infamia contra nativos, que fue el herrarlos, nacieron, pues, en buena parte, de la necesidad de contentar a los capitanes y soldados defraudados por la propiedad volátil que demostró tener el oro de la conquista.

Cortés gobernador

Por fin, Su Sacra Católica y Real Majestad falló en favor de Cortés todas las cuestiones que Velázquez, Narváez, Tapia, Umbría —el piloto de los pies amputados en la Villa Rica— y otros, amparados por el obispo de Burgos, plantearon como graves acusaciones en su contra. Y no sólo le absolvió, sino que le nombró gobernador, firmando la cédula, según Gómará, el 22 de octubre de 1522, que fue notificada a Velázquez en mayo de 1523, casi al mismo tiempo que al beneficiado. Trajeron noticia del nombramiento un Francisco de las Casas y un Rodrigo de Paz, con otros paisanos de Cortés, y con sus manos lavaditas pidieron albricias y obtuvieron de inmediato sendas recompensas: a Casas hizo capitán, de porrazo, "y le dio un pueblo que se dice Aguitlán"; a Rodrigo, "otros muy buenos pueblos, a más de nombrarle mayordomo mayor y su secretario" , lo que el viejo soldado, herido en más de cien batallas, portavoz de los verdaderos conquistadores", comenta así: "y a nosotros los que lo ganamos y conquistamos, y le pusimos en el estado que Cortés estaba, quedamos siempre con un trabajo sobre otro; y porque hay mucho que decir sobre esta materia se queda en el tintero..." Eso dice, mordiéndose los labios, pero al rato vuelve a la carga con sus amarguras. En su capítulo CLXIX, echa a la cara de Cortés todo lo que sufrían soldados y capitanes; le cubre de reproches en forma tal, que hasta hoy permite sentir el clima existente contra D. Hernando en el seno de su vieja tropa, en la que el capitán Cristóbal de Olid se había formado, clima suficiente no sólo para explicar el alzamiento de Olid, sino también para permitir comprender que su rebeldía no pudo haber sido sorpresiva para Cortés, quien por mucho menos se había alzado contra su socio Velázquez.

Cristobal de Olid

Este capitán fue de los once que partieron de Cuba en la expedición cortesiana, al mando un navío, lo cual viene a indicar que aportó dineros, que era socio de la empresa. Hizo toda la campaña; fue herido en Xochimilco; Cortés le nombró maestre de campo; como refiere Bernal, formaba entre los descontentos que reclamaron su parte de oro. Para acallarle, Cortés le envió al sometimiento de Michoacán, que Olid realizó cabalmente; cumplida la comisión, regreso rico, y de prisa "por tener mujer portuguesa moza y hermosa", trayendo consigo a muchos señores tarascos, entre ellos, al hijo de Tzintzicha Tangaxoan, conocido en náhuatl con el nombre de Caltzontzin. Esto, mientras Cortés, acompañado de Malintzin y del faraute Aguilar, atendía personalmente la campaña de Pánuco. Posteriormente fue enviado a pacificar y asegurar las provincias de

Zacatula y Colima, comisión que también realizó cumplidamente. Por cierto que su regreso a Tenochtitlan coincidió con la llegada de la esposa de Cortés, doña Catalina Juárez, la Marcaida, escoltada por Gonzalo de Sandoval, la cual habría de morir súbitamente, en el lecho matrimonial de D. Hernando, tres meses más tarde.

Poco después, Olid fue enviado a las Hibueras; le habilitaron cinco navíos, dotándole de tropa y armas. El habrá invertido lo suyo, porque "ya estaba rico". Salió de la Villa Rica, fue a Cuba, se puso de acuerdo con Velázquez, y se alzó. Cosa de ocho meses más tarde, informado Cortés, envió en su seguimiento a Francisco Casas, quien fue apresado por Olid, tras naufragar, pero aprovechó la confianza, el descuido de Olid, y le hirió a cuchilladas, adueñándose de la situación y ajusticiándole casi en seguida. Cortés no tenía noticias de ello, cuando partió de Tenochtitlan, pero la pequeñez del hecho, que en modo alguno amenazaba a Cortés, impide emplearlo como justificante de la expedición.

Los compromisos

A raíz de la caída de Tenochtitlan, según relato de Bernal en el capítulo CLVI, Cortés mandó hacer un banquete en Coyoacán en que corrió el vino y danzaron mujeres cuyos nombres escribió el cronista para tacharlos luego, "y valiera más que no se hiciera aquel banquete por muchas cosas no muy buenas que en él acaecieron", dice textualmente.

Durante la batalla de Tenochtitlan y después de ella, la tropa española se desbordó, raptando a todas las indígenas que pudo. Restaurados los caños del acueducto de Chapultepec, sepultados los muertos, Cuauhtémoc pidió a Cortés que fueran devueltas las mujeres y las hijas de los vencidos, secuestradas de sus casas por los españoles. Cortés respondió que las buscasen y llevasen a su presencia; mandó que los soldados devolvieran a las indígenas, si éstas accedían de propia voluntad. De real en real, de casa en casa, fueron buscadas, "y había muchas mujeres que no se querían ir con sus padres, ni madres ni maridos —dice el cronista— sino estarse con los soldados con quienes estaban, y otras se escondían, y otras decían que no querían volver a idolatrar, y aun algunas de ellas estaban ya preñadas, y de esta manera no llevaron sino tres, que Cortés expresamente mandó que las diesen".

Cempoaltecos, tlaxcaltecos, huejotzingas, chalcas, tezcucanos y demás aliados circunstanciales, ansiosos, unos de botín y privilegios, otros de reivindicación de tierras y, todos, de derechos a la dignidad humana, representaban en aquel momento un problema que sólo Cortés podía resolver. Con él habían sellado los tratos; él, el obligado a responder por ellos. A los tlaxcaltecas habían deparado la parte del saqueo que no fuera de oro, porque se estableció que éste sólo sería para españoles; a más, se les había ofrecido privilegios. Pero lo cierto era que Cortés no podía continuar siendo su aliado, si quería seguir siendo fiel vasallo de Carlos V, quien ya le había nombrado gobernador. El imperialismo español ya tenía ingerencia directa, representación legal en la conquista; ya exigía cuentas; exigiría cada vez más que todos los nativos tributaran a toda capacidad y por igual. Y Cortés comprendió que el precio de sus compromisos no podía ser pagado a los nativos. Su ausencia les dejaría sin pagador a la vista.

Tres meses después de haber llegado a México la hija de don Diego Suárez Pacheco y de su esposa doña María de Marcayda, nombrada doña Catalina, por la época de Todos Santos —uno y dos de noviembre de 1522—, asistió a unas honras, a la iglesia, acompañada de su esposo, don Hernando. En la noche de ese día, hubo fiesta en casa del capitán, en la que danzaron damas y caballeros; durante la colación, doña Catalina se dirigió a un capitán de artillería apellidado Solís y le reconvino:

"—Vos, Solís, no queréis sino ocupar a mis indios en otra cosa de la que yo les mando, e non se face lo que yo quiero.

"—Yo, señora —replicó el reconvenido—, no los ocupo; ahí está su merced que los ocupa y manda —y señaló a Cortés.

"—Yo vos prometo que antes de muchos días —advirtió la señora— haré yo de manera que nadie tenga que entender con lo mío.

"Cortés escuchó estas palabras y dijo 'en son de chanza':

"—Con lo vuestro, señora, yo no quiero nada de lo vuestro...

"Rieron los circunstantes; a poco terminó la fiesta: doña Catalina se retiró a su recámara. Cerca de media noche Cortés despertó a sus familiares avisando que doña Catalina estaba enferma; trajeron luces, fueron a verla, la encontraron muerta".

Corrieron díceres. Puesto en claro, lo escueto del asunto fue así: en el lecho matrimonial de Cortés se vio el cuerpo de doña Catalina, muerto al parecer violentamente, sin otro testigo que Cortés. Sus enemigos le acusaron, él negó. Años más tarde —14 de enero de 1529— su ex suegra, doña María de Marcayda viuda de Suárez, le acusó de asesinato. Se instruyó proceso criminal y después de varias diligencias fue cerrado por mandato real. En cambio, 88 años después de la muerte de doña Catalina, seguía la danza del juicio civil promovido por quienes no participaron de la herencia.

Martín Cortés

No ha sido fijada la fecha del nacimiento del primogénito de Malintzin. Quien se preciaba de saber más al respecto, su descendiente don Federico Gómez de Orozco, dice —por la virtud del escritor que habla a las edades al través de sus libros—, que "pasados unos meses de tan grave, contratiempo (la muerte de la Marcayda), un día fue gratamente sorprendido (Cortés) por la más halagadora noticia..., iba a ser padre". Esto es: luego de interesadas y minuciosas investigaciones, un descendiente de Malintzin da como cierto que ésta concibió a quien sería don Martín Cortés, "unos meses después de la muerte de la Marcayda, ocurrida, como hemos visto, en noviembre de 1522; si esto es así, puede concluirse afirmando que Malintzin tuvo a su Martín hacia fines de 1523, o comienzos de 1524.

A poco de nacido el hijo de Malintzin y Cortés, fue desligado de su madre, y entregado a un primo de don Hernando, el licenciado Juan de Altamirano, según afirma el señor Gómez de Orozco en la nota 7 del capítulo X de su libro. Jamás volvería al seno materno.

El viaje

Evidentemente, la versión de haber marchado a las Hibueras en seguimiento de Olid fue propalado por Cortés para que sus capitanes y soldados siguieran en su temor; de ahí que Bernal continuara creyéndolo, aún de viejo, cuando escribió su Historia. Parece claro, también, que necesitaba olvidar, alejar de sí las promesas que propiciaron su alianza con los indígenas, porque ni queriendo podía cumplir los compromisos contraídos; tal vez de ahí desprendiera la conveniencia de ponerse al cobro de chasqueados. Consecuente con lo anterior, parece seguro que le era indispensable romper los vínculos que podían comprometer su futuro.

Cualquiera creería, entonces, que conjugando las razones anteriores, y añadiendo acaso la falsa posición de Cortés frente a quienes le señalaban responsable del asesinato de la Marcayda, y un represado anhelo de orear su vanidad, podría ser encontrado el verdadero porqué, del tormentoso viaje que en varias ocasiones estuvo a punto de costarle la vida. Pero decidirse por esa suposición equivaldría a juzgar a don Hernando con criterio pequeño, olvidando su psicología de conquistador.

En el texto de la quinta carta-relación, con el tono leve que suele emplear para encubrir sus profundas intenciones, Cortés dijo: "... porque me paresció que ya había mucho tiempo que mi persona estaba ociosa y no hacía cosa nuevamente de que Vuestra Majestad se sirviese, a causa de la lesión de mi brazo..." queriendo atribuir a un hecho pueril para su temperamento —la soldadura del húmero fracturado—, la reanudación de sus actividades de conquista.

El verdadero y principal porqué del viaje a las Hibueras tuvo que haber sido para el español del Renacimiento, el retorno a su personalidad, el regreso a su naturaleza; quería volver a ser el expulsado del hogar que sigue agrandando su casa para procurarse el sitio que hasta entonces le negara su majestad en el seno de sus privilegios; y consecuente consigo mismo, destruir a quienes podrían ser últimos obstáculos para afirmar la conquista del imperio colua-mexicatl, así como romper los vínculos que estorbaban a su personal porvenir.

El mundo de México estaba en manos de Cortés, dúctil a sus presiones, al modo de cera virgen capaz de adoptar la forma que el escultor quisiera darle, y en vez de entregarse él mismo a la tarea divina, paternal, de imprimirle aliento y rasgos fundamentales, lo tiró por la ventana del aventurerismo, no sólo con el fin de agrandar sus conquistas, sino también con el arrancar de raíz, de cuajo, todo lo que a su juicio podría servir al país conquistado para recuperar su fisonomía primigenia, destroncando para siempre la tradición de los nativos. Y esto no puede ser entendido como acusación, sino como frase justiciera, porque sus hechos le muestran leal a sí mismo, vasallo fiel de Carlos V, representativo auténtico del sistema absolutista del cual procedía. Demostró ser fruto natural y propio de la profunda cepa de los conquistadores.

Sí, el mundo de México ya era suyo, pero él no podía sentirlo así. Tenía que proceder al modo de las aves de cetrería; siete presas había logrado en un solo vuelo; ahí quedaban tendidas, como datos para un escudo nobiliario; él regresaba al brazo de su amo a continuar la aventura de la cacería. Dominado Tenochtitlan, culminada la campaña de Pánuco, rendidos los tarascos, diseminados los capitanes hacia todos los vientos de la provincia, el conquistador no podía quedar mano sobre mano, sino que le era forzoso continuar su marcha; y la continuó, llevándose las raíces de las nacionalidades vencidas que en su ausencia podrían retoñar, nacionalidades que otrora fueron rectoras del imperio de Anáhuac, para retorcerlas y destruirlas sobre la marcha.

"... Y salí de esta ciudad de Temuxtitan a 12 días del mes de octubre del año 1524 —escribió a Su Majestad el 3 de septiembre de 1526— con alguna gente de caballo y de pie, que no fueron más de los de mi casa y algunos deudos y amigos míos... y llevé asimismo conmigo todas las personas principales de los naturales de la tierra..." cuando la verdad es que salió con todos los soldados españoles que pudo reunir, a más de mayordomos, maestresalas, botiller, repostero, "grandes vajillas de oro y plata", camarero, médico, cirujano, muchos pajes, ocho mozos de espuelas, dos cazadores halconeros, cinco chirimías, sacabuches, dulzainas, un volteador, un titiritero prestidigitador, caballerangos y sobre tres mil mexicanos de guerra, para contrarrestar los cuales hizo que en Chalco le aguardara el pelele Ixtlilxutchil con un ejército de más de 10,000 acolhuas y tezcucanos, según refiere el historiador Alva Ixtlilxotchil; sin estos ejércitos indígenas, de acuerdo con lo que Cortés mismo relata al rey en su quinta carta, no hubiera podido salir con vida de la selva.

Víctimas

Cuauhtémoc, Cohuanacoxtzin, Tetlapanquezatzin, Zihuacohuatzin, gobernador y capitán general de los mexicanos, y Tlaltecatzín y Mexitzincoritzin, "señores muy poderosos y los mayores de la tierra", iban prisioneros, condenados a morir así que la locura de la selva se apoderara de Cortés, y Malintzin le acompañaba, por primera ocasión, sirviendo de intérprete sin la presencia del faraute Aguilar, recién fallecido. O acababa de pasar o estaba por cumplirse el primer aniversario de haber sido madre; sus formas femeninas comenzaban a ser rotundas; la maternidad y el descanso habían suavizado sus facciones, coloreado su cutis, dotado de encanto cierto a su sonrisa, de cordialidad a su mirada. Iba feliz entre la tropa, cerca del amo siempre, lista al llamado. No sospechaba que Cortés la entregaría a otro para levantar entrambos un valladar sólo infranqueable para ella.

Iba de prisa el ejército. De Chalco tomó rumbo hacia Coatzacoalcos, evitando a Tlaxcala, pues ya no era necesario ese refugio, sino que resultaba conveniente eludir a los amigos tlaxcaltecas; la Noche Triste había quedado definitivamente atrás. Junto al poblado de Ostoctipac, en la encomienda del Tuerto Ojeda, muy cerca, de Ahualializapan, hoy Orizaba, se hizo alto. Se pensó que era para pernoctar únicamente. Pero sucedió que Cortés había tratado con Juan Xaramillo, uno de sus más oscuros capitanes, nombrado alférez durante la campaña de Pánuco, la conveniencia de que casara con Malintzin, a cambio de tanto más cuanto, trato que Xaramillo aceptó.

Para entrever, en la transparencia de los hechos históricos, el rostro de Malintzin, justo en el instante de su boda sorpresiva, precisamente en el momento de ser convertida en doña Marina de Xaramillo, hace falta imaginaria, con el rostro hacia tierra durante varios siglos.

La que nació libre, hija de señores, esclavizada cuando niña a la sombra de un régimen apuntalado con el sacrificio humano, enseñada sólo a obedecer, y obsequiada esclava, cuando púber, para ajustar las paces de un pueblo vencido; que oyó la palabra libertad, creyó comprender su significado, luchó por él arriesgando su vida a cada paso, incansable, embrazando la rodela, esgrimiendo la macana, herida quién sabe cuántas veces en el ardor de muchos combates a que asistió, alerta, en duermevela permanente... Ella, la soldadera del que había sido capitán sin retaguardia, a quien hasta nombre dio ante los indios; la cabecilla que amasó la rebeldía, la que todo lo ganó con su esfuerzo; la que había logrado un hijo de la alianza política jurada para siempre, hijo que le arrancaron de la redonda majestad del seno para entregarlo al hospicio disfrazado de amistad... Ella, la de todos los riesgos en todos los días y en todas las noches de campaña, entregada así, a uno cualquiera, para la befa que rebotaría en las edades... ¡Repudiada sorpresivamente!...

Allí está, mirémosla: ni siquiera sabe llorar, puesta en los límites en que enloquecen las mujeres y se rebela el sentido de la dignidad humana. Ahora sí: no le quedaba otro camino que el de la esclavitud para siempre el de no disentir jamás.

Y, si movidos por algo que bien pudiera ser curiosidad malsana, quisiéramos ver más, retrocedamos unos pasos para agrandar la perspectiva y dominar la escena en que el capellán castrense Fray Juan de Tecto, al pie del altar de campaña, imparte la bendición nupcial a una mujer consternada que inclina contra el suelo su cabeza y a un alférez que sonríe con ufanía, mientras los capitanes y algunos de tropa miran a Cortés que finge devoción, tanto piensa que con ese acto rompía al fin el más difícil lazo de la alianza concertada con los aborígenes, el último vínculo sentimental con los vencidos.

Y no sólo, sino que el viudo de la Marcayda, libre ya de la Leonor Pizarro, india de Cuba obligada a casar con Juan de Salcedo, al ver a Malintzin unida con Xaramillo, miró despejado su camino hacia el matrimonio de conveniencia que él, hombre del Renacimiento, habría de celebrar en la corte.

El viaje de bodas

Miremos la geografía, leamos las crónicas, comparemos nuestro aliento con el de la soldadera de la conquista de México, que hizo viaje de bodas andando quinientas leguas, vadeando la intrincada cuenca hidrográfica de Tabasco, Chiapas, Guatemala; caminando desde Orizaba a Coatzacoalcos y de allí entrándose en el corazón de manigua y bosques, montañas, cordilleras, de las que a raudales descienden los arroyos y ríos mayores de México, hasta Honduras, Centroamérica ... Veámosla buscando qué comer para su amo, primero, para su marido, después, o como se quiera, primeramente para el otro, porque el amo de ella lo era también del marido, en la desolación de las marismas, en el ahogo de las lagunas, en el infierno de las tierras anegadizas, ciénagas, pantanos tembladeras, y sirviendo de intérprete único al temido señor, lo mismo en los enredos de la comitiva cada vez más pequeña, que al tomar contacto la expedición convertida en andrajos con los hospitalarios mayas de Canek.

Veámosla horrorizada quizá, quizá fingiéndose impasible, o siéndolo de verdad, en el centro de las jornadas inconmensurables, contemplando el crimen que para todos los siglos manchará la memoria de Cortés, que asustó a las propias fieras de la selva, el injusto ahorcamiento de Cuauhtémoc y los otros señores mexicatls, ante el sueño fingido de Ixtlilxutchil, el fratricida, y el pávido silencio de los ejércitos indígenas, de los cuales sólo regresó un puñado.

Sigámosla durante un año con seis meses al través de la vorágine de la sombra verde que impide ver el cielo, con muchos días sin comer, ahogada a veces por la sed bajo el diluvio, en la montaña de flancos resbaladizos, como de bestia indómita, salvándose quién sabe cómo ni por qué, y embarcar de regreso en un barquichuelo a cuyo bordo da a luz una hija —María— producto de Xaramillo concebida en la angustia, para desembarcar con su niña en brazos en la playa misma de Chalchitilicueyecan, donde siete años antes había señalado con el índice, por primera vez, al capitán que entonces no tenía retaguardia, mostrándoselo a los embajadores de Motecuhzoma... Ahí va, mirémosla caminar sobre el ardiente arenal, con robusto paso, sin encorvarse al peso de la hija del blanco que lleva a la espalda, alejándose de la mar sonora por última ocasión, rumbo a Tenochtitlan, donde murió cinco años más tarde, en 1531, no se sabe el día, para ser enterrada quién sabe dónde y cuándo. ¡Esa fue su vida, anulada, defraudada por la conquista brutal, igual que la de cientos y cientos de millares, en el decurso de los siglos!

El mensaje

La justa interpretación de la vida de Malintzin, concilia a los orígenes con la actualidad de México, dota de secuencia lógica a las luchas mexicanas de siempre, explica la presencia del conflicto económico y psicológico planteado por la conquista en el seno de la colectividad, cuyas consecuencias dramáticas vivimos todavía de manera innegable, consecuencias que no deben ser soslayadas, sino advertidas y confrontadas sin demagogia, con resolución, con lealtad a nosotros mismos.

Es necesario unificar a la conciencia de México y dirigirla hacia el propósito de hacer cesar el dramático divorcio entre conquistados y conquistadores, advertible entre las magnificencias esplendorosas de una gran metrópoli —Tenochtitlan de ayer— y un vasto país que luce todos los matices de la angustia y la pobreza; entre la expresión de ideales contenidos en la Ley Fundamental y la desolada realidad de la injusticia ambiente; entre la impresionante riqueza de los gobernadores y la miseria sin calificativo de los gobernados, particularmente aquellos a quienes la conquista victimó en forma directa: los indígenas, la gran mayoría de la población sobreviviendo en condiciones infrahumanas.

Somos mestizos de indio y de español por irreversible fatalidad histórica. La solución de nuestro problema no sería la de regresar a Motecuhzoma ni la de retornar a Cortés, sino en dar la cara a la realidad y superarla. El idioma español ha servido y sirve a la nacionalidad como denominador común a las heterogeneidades. Gracias a él podemos entendernos los mayas con los mayos, yaquis, tarahumaras, totonacos, tlaxcaltecas, otomíes, todos en fin, con los tenochcas.

Pero nuestro español es distinto, en un todo al de España, no en lo gramatical y lexicográfico, sino en lo filológico, en cuanto a las manifestaciones del espíritu que el idioma expresa, a su contenido y sensibilidad humanos, porque somos distintos de los españoles: la raíz indígena nos dotó de peculiaridades, nos matizó con su savia, a tal grado, que nuestro español es un idioma de libertad.

Por eso es tan importante esclarecer de dónde nos llega el afán de ser libres, para ver de cultivar esa cepa, y no destruirla ni deformarla; no nos vino de Motecuhzoma ni de Cortés; uno y otro fueron representativos de sendos imperialismos que chocaron. Por eso es tan importante rehabilitar a los vencidos.

Nuestra sensibilidad es distinta de la española y de la tenochca; es otro el modo de ser del mexicano de hoy, forjador del mañana que nos interesa por encima de todo.

Doña Marina y Cortés

Malinche

Sobrevino el desencanto:

—¡Fuimos engañados! —sollozaron en voz apenas audible, cempoaltecos, tlaxcaltecas, cholultecas, acolhuas, tezcocanos, chalcas ¡todos!...

—¡Fuimos engañados!...

—Lentamente fueron comprendiendo lo estéril del fratricidio. El llanto se hizo clamor; hubo brotes de rebeldía en todo el ámbito de lo que había sido el imperio; cada quien peleó con sus uñas y fueron vencidos todos: uno a uno marcados esclavos con hierro candente.

Los mestizos de la primera generación de Tlaxcala, herederos de la sangre indígena más lastimada por el imperio colua-mexicatl, mostraron su tímido resentimiento al través de la pluma de su historiador Muñoz Camargo. Ellos habían esperado ver correspondida la ayuda bélica que dieron al conquistador, con toda suerte de privilegios. Se miraron las manos vacías, y clamáron.

Ixtlilxutchil, el rey pelele que amenazó a su propia madre con quemarla viva si no cambiaba de dios, el cainita que tintó sus manos con sangre que nunca jamás pudo lavar, nos trasladó sus reproches contra el conquistador al través de la pluma del historiador tezcucano don Fernando Alva Ixtlilxotlil.

El cacique gordo de Cempoala careció de cronista, cuando menos conocido, porque estaríamos leyendo sus quejas, si lo hubiera, tenido.

Esto es: resultaron vencidos los vencedores del Anáhuac; al parecer de ellos, el jefe de la rebeldía los había traicionado a todos; aquel vencimiento fue sorpresivo para su ingenuidad de pueblos párvulos que no salían aún de la edad de la magia, no importa que ahora nos parezca del todo natural que les sucediera.

Cortés y los suyos no vinieron a liberar a los oprimidos por el Anáhuac, sino a conquistarlos a todos; carecían del número suficiente de soldados, de elementos indispensables para una intención tan vasta, y se valieron de las disensiones ocasionadas por un régimen teocrático y militar que al través de la esclavitud alimentaba a sus dioses con sangre humana; trabajaron como agentes del imperialismo español; en cumplimiento de los designios de su empresa, sorbieron la economía de los indígenas, una vez que se valieron de los unos contra los otros. Xicotencatl, el mozo, lo comprendió a tiempo; lo ahorcaron por haberlo comprendido.

Los que por breve instante, de pie sobre las pavesas de Tenochtitlan, se sintieron vencedores gracias al hecho triste de ver arruinada a la metrópoli maravillosa, resultaron esclavos, a poco andar.

¡Todos!, no solamente los aztecas como soñaron sus vencedores; ni siquiera los indígenas únicamente, sino hasta quienes intentaron fugarse por el caño de la sangre hacia otras generaciones, los mestizos; y no sólo, que luego ¡hasta los criollos! ¡Todos engañados por el genio del conquistador, todos bajo la férula del déspota!

Pero, ¿quién podía expresar abiertamente su descontento contra el vencedor, durante los tres siglos de la dominación? La desconfianza recíproca de los núcleos aborígenes, que habían peleado sañudamente los unos contra los otros, impidió durante mucho tiempo la unificada expresión de la protesta, por una parte; por la otra, el aparato represivo era terrible; se impedía hablar, escribir, pensar en voz alta: la marca al hierro, el cepo, la cárcel, la imaginería inquisitorial al servicio de los conquistadores. Con todo, el malestar necesitaba expresarse, salir, mostrarse a la luz en alguna forma, porque alguien era responsable del fraude, alguien tenía que ser culpable ...

—¡Ah! —se exclamó— si aquella mujer maldita, si esa mujer malvada no, se hubiera entregado a Cortés...

¡La Llorona, eso, la Llorona!...

Con razón su alma corre por las noches gimiendo, sin lugar en el cielo, ni en el infierno, ni en la tumba...

No puede tener paz. ¡Ella, la que nos habló de libertad y nos mintió!

—¡No! —respondieron tímidamente los románticos— ella, pobre mujer enamorada ... Culpa de amor... Cortés bizarro, apuesto y blanco; ella joven y pura...

Entre unos y otros pusieron la máscara sobre el rostro verdadero de Malintzin. Alguien tenía que ser culpable del engaño por el cual sufrían los pueblos esclavitud hereditaria, cuyos hijos jamás podrían nacer libres, esclavitud que ni siquiera les permitía ensoñar una esperanza. Y corría la voz en lo profundo de la colectividad, sin aflorar, con miedo de salir:

—¡Ah, Cortés malvado, cómo decir tu nombre sin decirlo cómo hacer el cargo en forma anónima y velada!... ¡Ah, Malintzin-é, Malintzin-é, Malintzin-é!...

Y el odio, corriendo por los canales de la cobardía, ayudó a la corrupción del vocablo mexicatl. Adrede fue olvidada la eufonía del tratamiento reverencial propia del náhuatl; intencionalmente fue trocada la suave prosodia, la leve pronunciación bisilábica de tzin-é, por la de la ch española, contrayendo las dos sílabas en una; Malintzin-é, sobrenombre de Cortés popularizado entre aborígenes porque no tenían el sonido de la ere en su idioma y sí dificultades para decir Cortés, se pasó a Malinche; de ese modo se aludía al conquistador sin mencionarlo; ¡de esa manera podía correr la maldición por las calles, sin que el régimen opresor aplicara las sanciones del código penal! ... Pero la corrupción del vocablo no pudo haber sido obra de indígenas, que siguieron venerando a la que siquiera por algún tiempo les hizo pensar en que la libertad era y es posible, como, también era y es posible luchar por ella; ellos ni olvidaron ni olvidan su idioma; para muchos millares de vencidos sobrevivientes, todavía ocultos en lo más alto del cantil de las regiones chamulas, en el fondo de la Barranca del Cobre, en todo sitio remoto de la patria, su idioma es un refugio todavía...

¡No! Ellos no corrompieron el vocablo; ellos necesitan aún de Malintzin, que les hable de libertad, sea en el idioma en que aún resuelven sus problemas y sudan sus angustias, sea en español. No, ellos no fueron. La corrupción fue hecha por el hijo del conquistador, por su descendiente directo, heredero de privilegios pero carente de libertad. El no podía imputar la responsabilidad de su invalidez económica, política, social —de su falta de patrimonio en el campo de la dignidad humana, en suma— al símbolo paterno, porque este símbolo representaba al gobierno opresor, al verdadero responsable. Así afirmaron la máscara en los seis rostros de Malintzin, a quien culparon de la frustración.

—¡Malinche!... —gritan, viendo al que vende la patria de algún modo.

—¡Malinche!... —al que entrega tierras a los pueblos y no permite que los pueblos cosechen los frutos de la tierra...

Gritan —¡Malinche!...— y abandonan a la mujer, adúltera o no, y al hijo, por vengarse de alguien...

—¡Malinche!... —gritan los vencidos que se soñaron vencedores, enloquecidos por el estigma psicológico, por el trauma que les ocasionó haber sido engañados...

¡Ah, cicatriz del engaño, cómo sangras la patria todavía, porque no hemos podido terminar con las consecuencias de la conquista!

La Malinche. *Diego Rivera.*

Vocabulario

Alala-alala — Grito de guerra.

Anáhuac — *A, atl*, agua; nahuac, junto a, alrededor: rodeado de agua, o junto al agua. Nombre de la región que fue de los lagos, en el valle de México. Al extenderse el imperio mexicatl, hubo un Anáhuac-Ayotlan en la costa del Pacífico y otro Anáhuac Xicallanco en el Golfo de México.

A-Kin Pech — Población maya establecida en la costa del hoy Estado de Campeche, que combatió a los españoles.

Cacahua-tatzin — Árboles que con su sombra protegen a los arbustos del cacao.

Caczoltzin — *Cactli*, sandalia, zapato; *zolli*, viejo, gastado por el uso; tzintli, expresión de diminutivo reverencial. S. M. el de los cacles viejos. Según Herrera, cuando Tzintzicha, rey tarasco, vino a México a dar obediencia a Cortés, mientras sus nobles venían ricamente ataviados,

	él traía vestidos humildes y plebeyos, los mexicanos, apodándole por ser su enemigo y venir de su voluntad a rendirse, le llamaron "alpargate viejo", y este nombre se le quedó para siempre.
Calpixque	Recaudador de tributos.
Caluac	(Maya) Vara que usaba como atributo el mayordomo, y, por extensión, el mayordomo mismo, según Landa. Rel. de las Cosas de Yucatán.
Centzonhuitznahua	Cuatrocientas biznagas, esto es, muchas. En el caso, metafóricamente usado el vocablo, vale por muchos dioses, muchos hermanos.
Coatlicue	Madre de los dioses en el panteón mexicatl.
Cu, cues	Adoratorio, templos.
Chalchihuiles	Piedras que los nativos tenían por preciosas.
Chikin	Occidente.
Halach-Uinic	Justicia, gobernador, prelado, príncipe.
He cu tal	Ya viene, ya viene aquel hombre.
Huipilli	Camisa sin mangas, larga hasta el tobillo, que usaban las mujeres indígenas.

Hunab Cu	Único dios vivo y verdadero, en el panteón maya; no podía ser representado, por incorpóreo.
Ichca huipilli	*Ichcatl*, algodón, y *huipilli*, camisa sin mangas. Arma defensiva de los mexicanos, propia de oficiales, que consistía en una coraza de algodón de uno a dos dedos de grueso, que resistía a las flechas.
Likin	Oriente.
Macehual	Hombre del pueblo, trabajador, obrero, campesino.
Maccuahuitl	Espada mexicana.
Mecapalli	*Mecatl*, cuerda, mecate; *palli*, vocablo intraducible, que connota la idea de cosa ancha, extendida: "mecate ancho", "cinta de mecate". Especie de faja o cinta de cuero a que van sujetas dos cuerdas, de la que se valen los mozos para llevar las cargas a la espalda teniendo la faja de cuero sobre la frente.
Meclapil	Piedra de forma casi cilíndrica en medio y, cónica en las extremidades, con la que se muele sobre el metate.
Mocochoboc	Nombre del Halach Uinic, de la Punta de la Tierra, hoy Cabo Catoche, que combatió y derrotó a los españoles de la primera expedición.

Nixtamal	Cocimiento del maíz en agua mezclada con cal, hasta lograr el desprendimiento del hollejo.
Papas	Nombre que dieron algunos cronistas a los sacerdotes mexicanos, cuyo verdadero nombre era el de *papahuaque*, plural de *papa-hua*, que se compone de papatli cabellos enmarañados y largos, y hua, que tiene: los que tienen guedejas; guedejudos, melenudos.
Pochteca	Comerciante, traficante, mercader. Iba y venía por el imperio, regiones fronterizas y vecinas, hasta Nicaragua; servía como mensajero, embajador, espía. Estaba organizado, y su organización, rígidamente controlada. Su dios, Yacateuctli.
Popoloca	Bárbaro.
Putunchán	Champotón.
Tapixque	Recaudador de tributos.
Teciguata	Adulteración que hace Bernal Díaz del Castillo de la palabra *teuccihuatl*, cuyas raíces son *teuctli*, señor, y *cihuatl*, mujer, hembra: señora, mujer del señor. Nombre que los indígenas de Tabasco dieron a la imagen de la Virgen María con su niño en brazos.

Te-metlatl	Metate sin pies; piedra de superficie superior plana, sobre la que se tritura cacao, maíz; con el meclapil.
Teneuelli	Arma defensiva, escudo.
Teules	Dioses.
Tlacotli	Esclavo-a
Tlamama, tameme	Hombre de carga
Teocalli	*Teo,* dios, y *calli,* casa: casa de dios, templo.
Tlacuilo	Escribano o pintor.
Tlatelolco	Reino contiguo al de Tenochtitlan, formado por mexicanos que quedaron descontentos al fundarse la ciudad de México o algunos años antes. Primero se llamó Xaltelolco, "montón redondo de arena".
Tilma, tilmatli	Capa cuadrada de un metro veinticinco centímetros cuadrados, o más, de largo únicamente, con un agujero en el centro cuadrado, para introducir la cabeza por él. Se confeccionaba ya de algodón, ya de ichtle. Ahora, de lana también.
Tonatiuh, tonacio	Sol. Al capitán Alvarado, por ser rubio, le decían Tonatiuh; los españoles repetían tonacio, o tonatio.
Xiquipilli	Ocho mil.

TÍTULOS DE ESTA COLECCIÓN

Agustín de Iturbide
Adalberto Martínez "Resortes"
Agustín Lara
Álvaro Obregón
Amado Nervo
Antonio López de Santa Anna
Benito Juárez
Cuauhtémoc
David Alfaro Siqueiros
Diego Rivera
Dolores del Río
El Santo
Emiliano Zapata
Eulalio González "Piporro"
Fidel Velásquez
Francisco I. Madero
Frida Khalo
Gabilondo Soler "Cri-Cri"
Germán Valdés "Tin Tan"
Joaquín Pardavé
Jorge Negrete
José Alfredo Jiménez
José Clemente Orozco
José María Morelos
José Vasconcelos
Juan Diego
Juan José Arreola
Juan Rulfo
Justo Sierra
Lázaro Cárdenas
Malintzin (La Malinche)
María Félix
Mario Moreno "Cantinflas"
Miguel Alemán Valdés
Miguel Hidalgo
Nezahualcóyotl
Pancho Villa
Pedro Infante
Plutarco Elías Calles
Porfirio Díaz
Quetzalcoatl
Rosario Castellanos
Salvador Novo
Sor Juana Inés de la Cruz
Venustiano Carranza

Impreso en los talleres de
Trabajos Manuales Escolares,
Oriente 142 No. 216
Col. Moctezuma 2a. Secc.
Tels. 5 784.18.11 y 5 784.11.44
México, D.F.